我读人文学是为了过好人生

[韩] 申道贤——著
杨磊——译

나는 잘 살기 위해
인문학을 공부한다
좋은 삶을 위한
지적인 독서 입문

中信出版集团 | 北京

目　录

前言

第一章　什么是人文学

- 002　"疲于奔命"的人文学
- 005　关于人的学问
- 008　文史哲
- 011　学院派人文学、培训式人文学、江湖人文学
- 015　人文学能够通过考试来评价吗？
- 018　恒久的危机
- 022　不可替代的人文学

第二章　为什么要学习人文学

- 026　眼镜
- 029　直角尺
- 032　毛笔

034 引擎
039 镜子
041 鞋子
045 橡皮擦

第三章

051 学习人文学的几个入门问题

052 纯粹文学真的纯粹吗?
058 不懂歌词也可以欣赏流行音乐
063 历史记录的是事实吗?
066 为什么要学习历史?
071 哲学可以被划分为东方哲学和西方哲学吗?
076 东方哲学不属于哲学的范畴吗?

第四章

081 攀登人文学高峰的 8 种方法

082 始于"问题意识"
087 跟随内心去阅读
092 遇到不懂的句子就跳过吧
096 读一些和自己想法不一样的书籍
100 过江之前不要扔掉竹筏
103 不要害怕误解
108 学以致用
111 抓住要点

第五章   115 **首先要找到自己**

- 116 孔子：不要拘泥于原则
- 123 知讷：直面伤口
- 129 康德：活下去也是一种"义务"
- 135 丁若镛：苦中有乐
- 141 子思：人生就是信念和欲望的斗争
- 147 韩何云：看看那些历经磨难的面孔

第六章   155 **如何与他人相处**

- 156 马可·奥勒留：内心拥有力量
- 161 保罗·田立克：孤独且热爱
- 168 崔时亨：人即是人
- 173 李滉：没有两粒一模一样的沙子
- 179 庄子：看到问题的本质
- 185 李舜臣：父母之心

第七章   191 **世界是什么**

- 192 郑道传：世界不会自己变得更好
- 199 曹植：政治的态度

204　孟子：追求变化需要讲究方法
211　韩非子：体制重于圣君
217　罗素：教科书的内容究竟是谁的思想
222　布莱希特：历史没有记录所有的东西

第八章

229　**怎样才能过得更好**

230　老子：规定生活的那一瞬间起，生活就变得无趣了
235　培根：真正可怕的，是那种深入习俗、盘踞于人心深处的谬误与偏见
242　释迦牟尼：欲得需先舍
250　朴重彬：合理地运用情绪
256　艾瑞克·弗洛姆：幸福就在现在这一刻
262　阿兰·巴迪欧："献身"之时才能成为人生的主宰

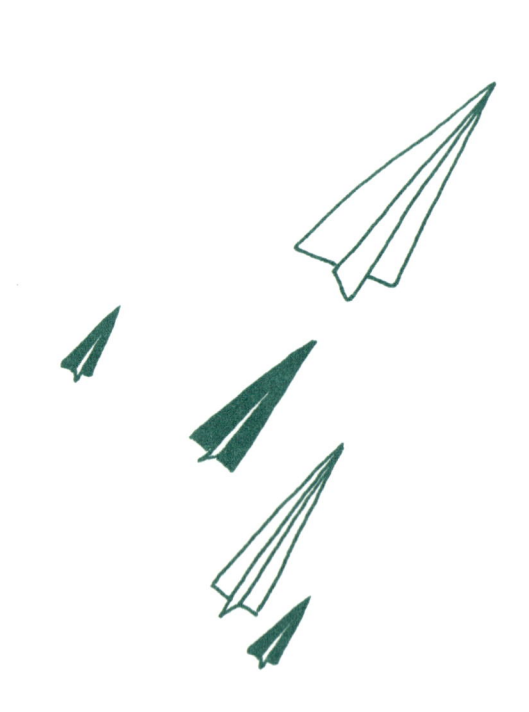

前　言

有一位我非常尊敬的老师，今年71岁了，是一位童话作家。这位老师不仅在童话创作方面成果斐然，对于东西方的哲学思想也是融会贯通，堪称一位著作等身、知行合一的思想家。第一次见面的时候，老师突然问了我一个问题："你从何处来？去往何处？"

我意识到这并不是一句普普通通的问候，好像是遇到了在书中读到的禅机问答一样，一时不知该如何回答。记得当时只是一味尴尬地笑。

人文学的历史或许就是人们努力解答

这两个问题的历史。不朽名著《西方哲学史》的作者伯特兰·罗素曾阐述过学习人文学的目的。他认为学习人文学的目的有两个：其一是为了从理论上来研究世界的结构，其二是为了发现最好的生活方式。对于老师提出的两个问题，我是这样理解的：思考"从何处来"是为了了解我出生至今一直生活所处的世界。而思考"到何处去"则是为了探寻该如何生活下去。

也是为了解开这样的疑问，我才开始学习人文学。好奇我究竟是谁，好奇出生之后一直生活所处的世界，想知道究竟该如何生活下去。所以我一有空就会阅读和人文学相关的书籍，大学时主修了哲学和文学，也撰写过人文学的著作，可以说是和人文学相识已久。

如果你问我是否已经找到了答案，我能做到的恐怕还是尴尬地一笑。如果那么轻而易举就能获得答案，想必数千年来就不会有那么多人投身于人文学研究中了吧？

那么，人文学是一门可望而不可即，穷毕生之力也难以登堂入室的学科吗？我认为并非如此。其实，

111

人文学里并没有所谓的标准答案。这正是让人文学充满活力的力量。如果有标准答案,那我们按照前人做好的试卷照抄不就可以了吗?这样的话,学习还有什么乐趣呢?

人文学里没有标准答案。换言之,人文学里的答案并非唯一,而是存在很多种。没有放之四海而皆准的答案,但每一个人都有属于自己的答案。虽然前途漫漫,但我也在学习人文学的过程中创造了属于自己的道路。今后也会继续探索更好的道路。

这本书面向的是刚开始对人文学产生兴趣并决定学习的读者。虽然概述人文学历史和思想的书有很多,但是同时论述人文学的特点、作用和学习方法的书却不多。首先,了解对人文学的概述对于初学者来说是更为重要的。这本书里包含了我自己的领悟和方法。

本书的结构如下:第一章介绍人文学是什么、人文学具有什么样的特点、人们对人文学又有怎样的误解。第二章论述我们为什么要学习人文学。第三章从整体上认识人文学的三大支柱——文学、史学和哲学。

为此，分析、论述了一些人文学中亟待厘清解决的问题。第四章介绍我个人的人文学学习方法。

第五章开始到第八章，带着各位读者一起欣赏东西方人文学中具有影响力的学者和思想家的作品。我尽量把每一句话都分析清楚，而不是只进行简单枯燥的概括。希望这能帮助广大读者更好地理解人文学的核心问题和解读方法。需要事先说明一点：本书中探讨的人物不仅是对人文学，更是对我的人生产生了许多影响。他们当中有很多人是哲学家。

这本书是我绘制的一张关于人文学的地图，介绍了我从入门到现在使用过的方法和走过的路。我也希望大家能够绘制出属于自己的人文学地图。

最后，我想向防弹少年团（BTS）表达我的感谢。他们的成员V（金泰亨）阅读过我之前写的《说话的魅力》，使得这部作品为更多的人所知。花香虽不能逆风而行，但美丽的故事却可迎风而上，流传千里。衷心希望防弹少年团和粉丝们的美好情缘也能流芳于世。

寻寻找到生命的
意义时，它就变了

第一章 什么是人文学

- 『疲于奔命』的人文学
- 关于人的学问
- 文史哲
- 学院派人文学、培训式人文学、江湖人文学
- 人文学能够通过考试来评价吗?
- 恒久的危机
- 不可替代的人文学

"疲于奔命"的人文学

给人文学下定义绝非易事。或许正是因为如此，与人文学相关的各类书籍总是会过分地解读人文学的定义。人文学可以从多个角度去解读，因此想要定义人文学，就必须全面了解人文学。这并不简单。我也曾遇到过相同的问题，在这里还是要说明一下我心中所认为的人文学是什么，因为只有这样，才能够展开后面的内容。不仅对人文学下定义，还要把当下人文学分成三个部分来进行分析。

其实，我们在生活中经常遇到人文学这个词。光是在网上搜索"人文学"三个字，就会出现很多人文学相关的演讲课程和书籍。演讲的题目五花八门、令人目眩："咖啡与人文学""绘画人文学""经典鉴赏入门""提高个人素养的诗歌鉴赏""阅读的乐趣""我们这片区域的文化遗产"等。在谈论饮食、美术、音乐、文化、历史、科学等多种领域的时候，人们总会把它们和人文学联系起来。但它们之间并没有什么明显的共同点。这种做法只能让焦点变得涣散、毫无目的。我时常会想：他们是不是为了吸引更多的人来听课才搞得如此花样繁多呢？

不过话说回来，从这个角度介入人文学其实也无可厚非。人们从罗马时代开始才正式使用人文学一词，它在当时作为一个高级别的概念，涵盖了音乐、语言学、数学、科学等多个学科。英语圈国家的人们把人文学称为"liberal arts"或者"humanities"，而"liberal arts"一词正是从古罗马的通识教育（liberal education）一词派生而来的。这么来看，多种学科都和人文学攀上了关系也并不奇怪。

把目光拉得近一些，东亚文化圈中的"人文学"是指"研究人及其所处文化的一门学问"。简而言之，可以理解为"人的学问"。如果将人文学称为一门探究人的学问的话，那么前面列举的饮食、美术等演讲主题自然都可以被包含在人文学当中。

如此宽泛地界定人文学，人文学就几乎包含了所有的学科。粗略地思考一下就可以想到，这肯定是存在问题的。因为世界上没有一门学问是游离在通识教育之外，完全与人无关的。可如果所有学问都纳入人文学的话，那么人文学也就没有了学术边界，从而无法称为一门学科。

因此，我打算采用更为严谨的态度界定人文学的本质特征。本书介绍的人文学一定要与课堂上被"滥用"的人文学，以及从词源角度分析的"人文学"含义有所区别。只有这样，读者朋友才能够避免模棱两可，真切地感受到人文学本身的魅力。

关于人的学问

如果要严谨地定义人文学,只能从学术层面下手。这个过程可能有些枯燥乏味,但是如果想要了解什么是人文学的话,这是一个必经的过程。

众所周知,"研究对象"和"研究方法"是学科分类的两个标准。换句话说,学科分类是根据研究什么和如何研究来进行的。

首先,根据研究对象的不同,学科大体上可以分为两类——自然科学和精神科学。自然科学研究的是物质现象。物质现象是指不依赖人的心理活动自发进行的现象,它包括自然界里所有客观存在的物质和它们的运动与变化。物理学、化学和生物学等学科毫无疑问属于自然学科。我们常说的科学指的就是自然科学。相反,精神科学主要研究精神现象。所谓的精神现象，指的是包括人类的心理在内，人类所有的精神层面上的活动及其产物。人类的一切活动都与精神有关。因此精神科学的研究内容非常广泛，包括人类的心理、行为、社会和文化等。

按照研究方法的不同，精神科学大致上可以分为两类。一类被称为社会科学，它主要运用自然科学的研究方法；另一类被称为人文学，它坚持运用传统的研究方法。自然科学的研究方法主要指的是观察和实验。这种方法抛开研究人员自身的想法和主张，致力于客观中立的研究。相反，传统的研究方法则是通过结合理性和感性的思考以及直接的体验来进行研究。与自然科学的研究方法不同，它的特征是不会排除研究人员的价值观等内容。

举个例子，美国理论物理学家、超弦理论的奠基者之一约翰·施瓦茨提出了超弦理论，他认为构成物质的最小单位不是粒子，而是不断变化的弦。因为世界是由弦构成的，那么我们就必须要认清楚人们之间的弦才能活下去吗？并不是如此，这仅仅停留在理论阶段。这个例子中运用的是典型的自然科学研究方法。

与之相反，传统的研究方法中包含了人们应当履行的义务。举个例子，哲学家亚里士多德提出了目的论的主张，他认为存在都有其目的，其中人类最终的目的是幸福，人类肩负着为了变得幸福而活下去的责任。

精神科学被一分为二是近代发生的事情。近代以来，自然科学飞速发展，取得了许多令世人瞩目的成果。为了改良精神科学，更加客观地进行研究，精神科学内部也开始尝试引入一些自然科学的研究方法。它们依旧把精神现象作为研究对象，同时引入实验和观察等自然科学的研究方法。这种运用自然科学的研究方法的精神科学被称为社会科学，其中包括经济学、心理学、社会学和人类学，等等。而坚持传统研究方法的精神科学则被称为人文学，其中包括文学、历史学和哲学。

综上所述，首先，人文学属于精神科学的范畴。其次，与活用自然科学研究方法的社会科学不同，人文学是重视生活经验、情感和理性思考的一门学问。

文史哲

我们已经把人文学的范畴缩小到了文学、历史学和哲学,也就是我们常说"文史哲"。但是这个分类并不是绝对的。因为自然科学和社会科学是客观的,那么人文学也一定是客观的。它也同样追求客观性,只不过精神现象不能像物质现象那样,可以百分之百站在客观角度去量化,所以不会过度地执着于追求客观性。当然,自然科学也不是绝对客观的。像托马斯·库恩和桑德拉·哈丁这样的现代科学哲学家们就曾经证明过:自然科学也会受到研究人员的偏见和价值观等主观因素的影响。

一开始,学术界里的学科分类并不是绝对的。随着世界急速地变化和发展,出现了原本没有的事物,为了研究这些新生事物,就需要和原来不一样的研究方法。因此,用原有的标准去划分学科变得越来越困难了。近年来,随着行为科学和历史科学这样兼具社会科学和自然科学特点的新学科出现,精神科学和自然科学的分界线也变得越来越模糊了。

不同的文化圈和学者对于人文学范畴的划分也有所不同。比如,有人把文史哲里的"史"去掉,然后加入语言学、宗教学和艺术。举个例子,政治哲学经常被划分到人文学里,而政治学则被划分到社会科学里。这样划分真的合理吗?我们要清楚:学科分类和各个学科的特点并非一成不变,而是随着时代发展在不断变化的。

到现在为止,我们已经从多个角度对人文学的定义进行了分析。但是无论从哪个角度好像都无法得出一个令人满意的答案。然而,如果不弄清楚人文学的定义,我们很难推进到下一个阶段。因此我想把人文学限定为在书中经常提及的文学、历史学和哲学。因为这不仅是学术界最常用的定义,更重要的是这三个学科最能体现人文学固有的特点。把几门学科放在一起研究学习会碰撞出令人惊喜的火花。把人文学界定在文史哲这个范围也是抱有这样的期待。

文史哲三者密不可分。历史学和哲学运用文学的写作技巧更能清楚地表达自己的观点，文学从历史学和哲学当中可以获取素材和灵感。再进一步来看，人们常说历史学首先是文学"史"和哲学"史"，从中我们可以知道文学和哲学对于历史学学科体系的构建具有很大的影响。哲学依靠文学和历史学获得学科的基本观点，哲学也帮助文学和历史学取得了令世人瞩目的发展。文史哲三者你中有我、我中有你。从实践的角度来看，三者放到一起学习效果也的确更好。

学院派人文学、培训式人文学、江湖人文学

首先,我们把人文学定义为文史哲。在正式进入主题之前,我想先向大家介绍一下在学习的过程中,自己对人文学的分类,以及分析一下在韩国,人们对人文学进行分类活用的依据。希望大家能够把这一部分当作一次充满乐趣、轻松的阅读。

根据人文学不同的流派的学习目的以及在该领域极具影响力的人物所做的事情,我把人文学分为"学院派人文学"、"培训式人文学"和"江湖人文学"。

主导"学院派人文学"的人是最传统的知识分子。其中的代表就是本科或者研究生阶段主攻人文学专业,后来成为人文学教授的学者们。他们的关注点是人文学本体研究,倾尽全力去正确分析现有的理论并且得

出新的理解。这部分人的主要活动是在学校里教书和在学术会议上发表论文。

学院派人文学学者们的优点是他们具有专业性和系统性。他们擅长对理论进行有理有据的分析，几十年来投身于人文学研究当中，学术水平也很高。他们不断发表被看作人文学基础和支柱的理论及解释，同时又孜孜不倦地投身于教育事业。

然而，他们也存在着缺点，最大的问题就是缺乏现实意识和问题意识。他们几乎一辈子都待在学校这个有限的空间里，不愁吃不愁穿，很少直接面对社会不合理的一面，所以很可能会缺乏现实意识。不到人民中去就很难了解人民，对于普通大众来说，这些学者的理论和语言是非常晦涩难懂的。

学院派人文学的对立面是"培训式人文学"。这个领域的人大多不是人文学专业出身，他们的工作与人文学无关，不过作为副业，会针对人文学著书立说和到处演讲。顾名思义，培训式人文学的目的就是通过培训，帮助个人进行自我开发。这里所指的自我开发并不是指人内心的成长，而是竞争力的增强。也就是说，培训式人文学的学者们相较于人文学研究，更加注重人如何活用人文学从而在竞争中胜出。他们的主要活动就是面向大众进行演讲和写书传播自己的理念。

培训式人文学的学者们最大的优点是具有现实意识和大众性。他们阅历丰富，对时代潮流的变化也十分敏感。他们也能够把复杂的理论化繁为简进行简单的说明，能把理论和生活实际联系起来进行说明，让一般人也能够听懂，因此他们深受大众的喜爱。专业性不足是他们的缺点之一。因为不是科班出身，所以经常会误导他人。有时候甚至挂羊头卖狗肉乱贴人文学标签。问题意识薄弱也是其缺点之一，把社会问题归结于个人错误是他们最致命的弱点。他们虽然认识到社会不合理的一面，却不去改变它。他们不仅认可社会的不合理，还会利用它满足自己的私欲。因此这个圈里的学者虽然成名很快，但是却不能从根本上回答大众亟待解决的问题。

江湖人文学的学者游离于体制之外，就像是武侠小说里的侠客一样行走江湖。他们或者是人文学专业出身，或者具有一定的人文学专业素养。与在大学或者学术会议里举行活动相比，他们更加喜欢通过演讲和写书等方式来和民众见面。韩国的哲学家姜信柱就是其中一个典型代表。

江湖人文学的目的就是在生活中活用人文学。培训式人文学的目标是通过人文学获得成功。江湖人文学强调的是获取自由。为了让人实现自由之身，首先一个人要具有自主性，同时社会也需要具有接纳自由人的开放性。这也就是江湖人文学把人文学当作追求个人发展和社会变革武器的重要原因。

江湖人文学的优点在于问题意识非常出色。他们十分注重同大众的沟通，不会去写晦涩难懂的文章，也不会去解释它们。比较可惜的是，他们缺乏一些现实意识。这可能是因为他们虽然游离在体制之外，但是本质上还是属于学者的缘故。在迫切想要工作赚钱的人看来，江湖人文学所主张追求的"自由"和"社会变革"就像是闲得无聊的人说出来的话。虽然江湖人文学自我标榜是"为了弱者的人文学"，但其实它真正服务的是生活比较稳定的中上阶层。

人文学能够通过考试来评价吗?

我想大家应该对"什么是人文学"这个问题多少找到了一些感觉。接下来我想介绍一下人们对人文学有着怎样的误解,这样我们才能更加了解人文学。

我们从出生到死亡一直都要经历考试。比如入学考试、求职考试、托业考试、托福考试、计算机能力考试,等等。考试本身不是什么坏事,问题是要考的试实在太多了。另一个问题是大部分考试是为了排出个名次,或者是为了考试而考试,而不是为了评价必备的能力去考试。现在就连人文学也成了考试的对象。相信大家已经看到相关的新闻了。据报道,一家媒体将要主办人文学考试,据说在这个考试里面,文史哲当中哲学占比非常高。

当然此前也有过评价人文学水平的考试。比如,历史方面有考察韩国历史的考试。文学领域虽然没有考试，但是有新春文艺奖评比①。也许是因为人们潜意识中认识到不应该用分数来评价一个人的哲学水平，应该坚守人文学这最后一道防线，所以迄今为止还没有出现过针对哲学知识的考试。有鉴于此，这则新闻里出现的消息是令人感到震惊的。

对于这个考试，人们的态度大体上分为赞成和反对两派。赞成的一方认为自从出现了韩国历史考试，特别是韩国历史还成了高考必考科目，人们对韩国历史的关注度空前高涨，从事韩国历史研究的专业人士地位多少提高了一点。他们期待同样的一幕在哲学领域上演。

相反，还有很多人反对这个考试。他们无法接受如今竟然连人文学和哲学的水平都要用等级来评价。主办方表示：企业方面因为考虑到现在能够评判个人能力的依据只有托业考试成绩，所以请求媒体公司增设考查人文学水平的考试，因此才进行了这次策划。

---

① 韩国新闻机构每年春天针对业余作家组织的征文大赛。——译者注

从这次考试的背景来看,人文学沦为了一个求职工具。因此才会有这么多人发声进行反对。

我认为这个考试有利有弊。如果因为这个考试,人们能够更加关注人文学的话,自然是一件好事。但是我也很担心人文学会因为这个考试走向没落。想要在考试中取得高分,一个人记忆能力强不强显得尤为重要。但是,人文学并不是一个光靠死记硬背就能够提升水平的学科。首先,考试里有可能出现的那些伟大人文学学者就不会希望后世的这些学习者、应试者去机械地死记硬背他们思想中的几个关键词或者几个作品名。这些学者中的大部分人希望后人通过学习人文学创造一个更加美好的世界,过上幸福且有价值的生活。考试制度无法体现这些前辈学者的良苦用心,这可能也是人文学考试天生的局限吧。

恒久的危机

"你学了这么难的一个专业呀!"人文学专业的学习者肯定听别人说过这样的话。周围很多人都抱有这样的偏见,认为人文学很难学。其中,认为哲学难学的人最多。人文学很难学是不争的事实。但是,只有人文学难学吗?别的学科不也一样难学吗?人们常常陷入一个悖论当中:之所以会认为人文学很难学,很可能是因为它是所有学科里最容易学的。一本物理书,如果不是专业人士,平常人也很难从头看到尾。

我认为相较于其他学科,人文学的入门门槛的确比较低。比如说,虽然一般人很难完整地读完并且理解透彻一本哲学书,但是只要耐心去读,也能够读完并且了解全书的主旨。人文学之所以比其他学科要容易,是因为它是一门关于生活的学科。因为我们都生活在当下,所以我们早已经对人文学有所了解。如果是平时生活中喜欢思考，那么就更加能够切身体会到人文学的精髓。

总是处于危机之中的人文学

"人文学的危机"这个说法由来已久。之所以这么说，因为大众对于人文学的关注度日渐下降；人文学的专业水平大不如前；人文学学者找不到解决现实问题的方法和方向，等等。但这些都是真的吗？

让我们把视角放在人文学的鼎盛时期，当时又是什么样的情形呢？公元前800—前200年，古希腊、中国和印度出现了一大批伟大的思想家："古希腊三杰"——苏格拉底、柏拉图和亚里士多德；中国的孔子、老子和庄子；印度的释迦牟尼，等等。德国哲学家卡尔·雅斯贝尔斯将这个时代命名为"轴心时代"。

十分讽刺的是，当时的思想家们完全没有把自己所处的时代看作人文学的全盛期，而是人文学处于危机的时代。柏拉图的《理想国》当中记录下这一幕。

有一个人向苏格拉底问道:"学习哲学的话,会不会变成一个一无是处的人呢?"苏格拉底回答道:"在给机会让哲学发挥它的作用之前,不应该草草地断定哲学是无用的。"从这个故事中我们可以看出,在那个时代也有很多人对于人文学抱有偏见,人们也没有给人文学足够的机会去发挥它的作用。

《论语》中也出现了类似的句子。子曰:"古之学者为己,今之学者为人。"这里的学习指的就是人文学学习。这句话指出以前的学者为了自己的幸福和发展而学习人文学,而在孔子所处的"今天",人文学却沦为人们沽名钓誉的道具和手段。

朝鲜王朝①时代虽然不像"轴心时代"那般群星闪耀,但也可以称得上是人文学的黄金时期。上至高堂的君王,下至草野的书生,只要是识字的人都在学习哲学和写诗文。在那个时代,人们对于人文学的热情十分高涨,人文学的地位也非常高。但即使是在那样的时代,我们也可以在许多书中发现议论和哀叹人文

---

① 朝鲜王朝(1392—1910),又称李氏朝鲜,简称李朝,是朝鲜半岛历史上最后一个封建王朝。——译者注

学危机的内容。接下来我们来看几个例子：

> 学术日卑莫甚于今。——《世宗实录》
> 且近来弊习，朝士不好学问，徒尚虚名。——《明宗实录》
> 当今之弊，科举为甚，而论其概则士子之不读书一也。——《正祖实录》

人文学成果甚是丰硕的朝鲜王朝世宗和正祖时代，以及大哲学家李滉和李珥所处的明宗时代都遭遇了人文学危机，这真是让人哭笑不得。

有人担心随着第四次产业革命的到来，人文学会越加没落。但我的观点与之恰恰相反：随着科学技术的发展，人文学可能会变得越来越重要。因为人文学和科学本身不是对立关系，而是一种互补关系。某一种事物快速发展的同时，也一定会伴随着问题的出现。对于科学技术衍生出来的问题，可以期待通过人文学的方式得以解决。

不可替代的人文学

人们在试图说明人文学的作用时,经常拿水龙头来做类比。

故事发生在刚进入近代的中国台湾。当时,乡村的人大量涌入城市,他们都没见过自来水设施,每个人都在到处寻找水井喝水。他们在城市里并没有找到水井,看到水龙头居然冒出水来,都大吃一惊。他们以为水龙头是一种能够出水的魔术道具,于是都跑到五金店去购买水龙头。但是没有蓄水池和水管,光靠水龙头是没有办法出水的。

虽然水龙头是控制水的开关,但是储存水的是蓄水池,运输水的是水管。水龙头不过是一个开关装置,光靠它是没有办法出水的。蓄水池和水管才起到最根本的作用。在这个故事里,蓄水池和水管指的是人文学,水龙头指的是应用研究,水指的是成果。综上,人文学看似不起眼、没有什么作用,但实际上对取得成果起着至关重要的作用。

虽然应用研究能够立竿见影地取得成果,但是归根结底开发和使用应用研究的是一个个具体的人。人文学研究的是人的生活,能够给人提供必要的意志和力量。不仅如此,它还为应用研究提供灵感、指明方向。不懂得这一点的人就把"隐形的"蓄水池和水管看作无用之物,即抨击人文学无法直接带来物质成果。人文学的作用是不可替代的,对人们的生活产生润物细无声式的巨大影响。

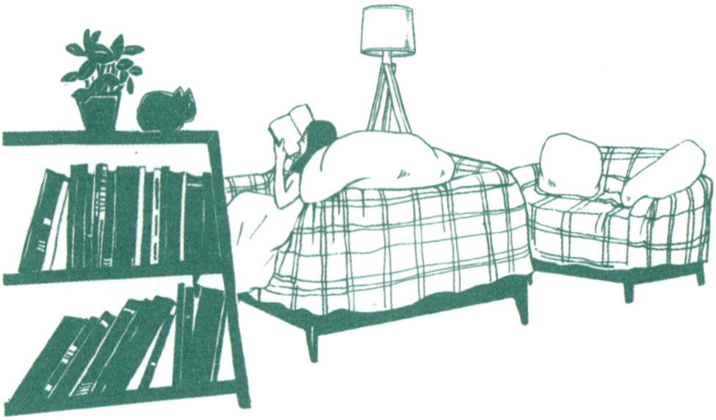

第二章

为什么要学习人文学

- 眼镜
- 直角尺
- 毛笔
- 引擎
- 镜子
- 鞋子
- 橡皮擦

眼镜

视力差的人第一次戴上眼镜看世界是什么样的感受呢？应该会因为世界突然变得清晰而激动不已吧。放大镜能让人看清微小的事物，望远镜能使人看清远处的事物。世界本身并没有发生改变，只不过是透过不同的镜片，我们看到的世界也有所不同罢了。

和眼镜一样，人文学也给我们展示了和现实不一样的世界。也许学习人文学本质上就是在学习各种观点。青史留名的人文学家卓尔不群，提出了各具特色的观点。他们仿佛戴上了自己的眼镜，立足于自己的观点来观察他人和世界，然后把由此获得的思想传给后世。我们通过了解他们的思想能够了解他们的观点。有的人会把他们的观点作为自己的观点继承下来，有的人会把他们的观点和现实结合起来重新阐释，还有的人会找出他们观点中的问题然后克服它，从而树立新的观点。

观点虽小,却蕴含着无穷的力量。新的观点能够使我们认识到事物新的一面。同时,它还能使我们认识到之前忽略的问题,帮助我们找到一切可能的解决方法。因此,观点的力量也被称作"洞察力"。

向我们展示洞察力力量的历史人物有很多,马克思就是其中一位。马克思可以称得上是世界近现代史上最具影响力的思想家。他的思想至今依然在哲学、文学、史学、艺术、社会学、政治学、经济学等领域有着重大影响力。马克思用阶级的观点来分析社会。简单来说,他主张有史以来阶级一直存在,不同阶级之间的斗争推动着历史的发展。

在马克思生活的那个年代,欧洲的贫富差距比现在还要严重。当时,上流社会以奴隶制不复存在为由,诡辩称当下已经不存在任何的压迫和榨取。他们宣称贫穷的责任不在于国家和社会的结构,而在于个人的无能和懒惰。对此,马克思站了出来,提出了著名的阶级论。

赞同马克思观点的人很快遍布世界。马克思的观点不仅对欧洲，对日本殖民统治时期韩国的独立运动，甚至对韩国解放后的民主化运动都有着深远的影响。他的观点也为其他观点提供了灵感，自由主义就是其中之一。自由主义者们一边批判马克思的观点，一边发展自己的理论。他们和赞同马克思的人一样，都受到了马克思的影响。

从马克思的例子中我们可以看到，人文学会给学习它的人提供关于新观点的线索。这就是人文学潜力无限的原因。学习它的人应该思考如何理解人文学，创造出怎样的新事物。观点改变的话，看世界的视角也会改变。总有一天，世界也会因此改变。

直角尺

建房子的时候,直角尺是必不可少的工具,有了它才能测量角度和距离。在切割组装材料的时候,看似只有五厘米、五度的误差也可能会影响整体工作。一开始可能觉得不是什么大问题,当组装材料的时候突然发现原来看似只有五厘米、五度的误差变成了五十厘米、五十度。最后,没有办法,只能推倒一切重来。因此,切割材料的时候一定要有一把直角尺。

如果说直角尺是建房子的时候切割材料的基准的话,那么逻辑就是构建思维的基准。就像用直角尺切割的材料建成房子一样,把逻辑命题有机结合到一起就形成了一套完整的思维。

需要注意的一点是,新的事物并不一定是进步的。虽然新的事物会产生新的结果,但是其结果不一定是进步的。如果和原来相比没有进步的话，那么它就是没有意义的。想要成为有意义的新事物，必须要推陈出新。

由此我们可见逻辑的重要性，它至少能够保证我们不脱离现实。直角尺虽然不能保证一定能建造出艺术作品般的房子，但是它至少能保证按照设计图来建造房子。不用直角尺建造出来的房子会歪七扭八，不讲逻辑、只是一味地追求标新立异的想法可能会适得其反。

人文学是培养逻辑能力的不二选择。特别是哲学中的逻辑更是值得我们学习。简单来说，哲学家的思想和文章都是由一个个逻辑堆砌而成的。因为哲学中不会使用自然科学常用的实验和统计等方法，所以是否符合逻辑就成了判断理论是否合理的重要基准。

因此经常阅读哲学家们富有逻辑的文章的话，自然会慢慢熟悉逻辑思考。哲学家之间的争辩和我们日常生活中的争辩没什么两样，关键都是要针对对方逻辑上的弱点进行反击。只要一个关键的逻辑被击破的话，整个理论就会轰然坍塌。虽然一开始阅读学习这种逻辑辩论时会觉得有点难以理解，但是学习时间久了，一定可以提高逻辑能力。

逻辑学是哲学的分支，如果想专注提高逻辑能力的话，可以直接从逻辑学概论开始学习。

毛笔

画风多种多样,画笔的种类也是各式各样。画笔的毛分为人造毛和自然毛两种,自然毛通常用的是貂和鼬等动物的毛。根据形状的不同可以分为圆毫、扁毫、扇毫、椭圆毫、尖毫,等等。画家在绘画的时候,会根据不同的需要选择合适的画笔。

法国小说家居斯塔夫·福楼拜曾经提出过"一语说"。他认为无论你所要讲的是什么,真正能够表达它的句子只有一句。"一语说"中同时包含了人类语言的理想和局限。

实际上,"一语说"不只是证明了语言具备那样的功能,更多地强调了语言应该这么使用。写字和说话的时候,我们常常想不出能够正确表达主张和感情的单词或句子。虽然自己知道这个词,但是绞尽脑汁,最后还是想不出来。相信大家应该都有过这样郁闷的经历。

表达能力指的是能够准确地运用词汇和句子的能力。表达能力的差异主要取决于个人的脑子里有多少知识存货,这和画家在画室里有多少支画笔是一个道理。人文学能够使你的语言仓库里的资源变得更加丰富多样。

韩国诗人郑芝溶曾说过:"美人身上的一颗痣也能散发出魅力,但是在诗中,不小心点错的一个点却会毁掉整首诗。"人文学的文章都是经过缜密的思考才创作出来的。这样的文章,绝不会滥用辞藻,每一个词都经过反复推敲。所以经常阅读人文学文章能够慢慢地提高语言水平。

引擎

实践能力可以比作我们的引擎。车的引擎性能足够好才能顺利到达目的地,人的实践能力足够好才能达成目标。那么,人文学究竟凭什么能够成为一个强力的引擎呢?

首先,人文学使人拥有梦想。如果向青少年询问他们的梦想,大部分人都会冷漠地回答说没有。就算是回答有的学生,仔细听就会发现,他们当中很多人不过是按照父母的规划来选择职业或者是随波逐流盲目跟风。其实除了少数人之外,他们都没有迫切想要实现的梦想。

不只是青少年,成年人也是如此。梦想并不只局限于职业,虽然职业并不代表梦想的结束,但还是有很多人就此放弃了自己的梦想。

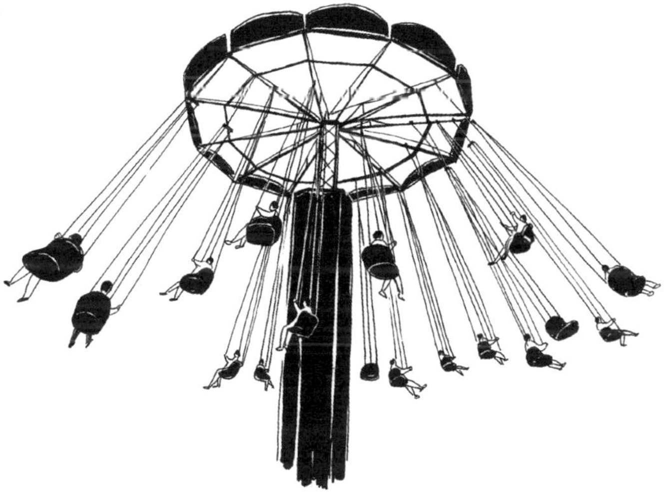

2019 光州世界游泳锦标赛中，一位 91 岁高龄、来自保加利亚的参赛选手引起了热议。他为了参加这次比赛，进行了长达半年的训练。关于年纪这么大还到遥远的其他国度参加此次比赛的原因，他是这么说的："我有梦想，没有梦想就无法实现目标，没有梦想的人生是没有意义的。我为了实现自己的梦想来到这里参加比赛。""没有梦想就无法实现目标，没有梦想的人生是没有意义的"这句话让人印象深刻。

通常，我们认为人应该抛弃欲望。但是人文学并不提倡抛弃欲望。面对弟子请教摆脱欲望的方法时，韩国近代思想家"小泰山"朴重彬是这样回答的：

> 不是要戒除欲望，而是要培养它，要把微小的欲望转变成大誓愿。专心于此的话，微小的欲望自然会消除，自然会过上悠闲充裕的生活。
>
> ——《大宗经》

弟子认为无尽的欲望使自己感到痛苦，但是朴重彬认为这并不是欲望导致的，原因在于其欲望太小了。

不要抛弃欲望，反而要培养自己的欲望。拥有更大欲望之后，这段时间困扰自己的小欲望便会消散。人文学不提倡抛弃欲望，但是要求区分好的欲望和坏的欲望，鼓励人们培养积极向上的欲望。

学习人文学的过程中自然会产生梦想。我们都知道让小孩子读伟人传记并不只是为了让他们善良地生活，主要是想让他们像伟人一样拥有远大的抱负和梦想。读小说的话，也是希望透过小说中形形色色的人物的生活，拥有像他们一样的梦想，或者把他们当作反面教材，吸取教训。人文学的文章中大多提倡拥有宏大的梦想，并且努力去实践实现它，经常阅读这类文章的话，人的抱负自然会变大。

其次，人文学可以培养实践的基础——判断力。我们通常认为能否迈出实践的第一步取决于意志的强弱，但是问题并不那么简单。一个人只有判断清楚状况才能鼓起勇气去实践。勇气不是乱下决心就能有的，需要营造一个有助于鼓起勇气的环境。恐惧是勇气的敌人，人在不清楚状况的时候会感到恐惧。当我们充分了解对象，制订下周密的计划后，恐惧就会消失。

因此我们需要有认清状况的判断力。

　　学习人文学可以培养判断力。我们经常说历史是"悠久的未来",历史事件虽然不会一模一样地再现,但是它所蕴含的规律会戴上另一个面具出现在未来。历史学家并不只是向我们罗列历史事件,还会介绍说明历史事件当中蕴含的规律和教训。这些规律和教训能够帮助我们培养判断力。当我们拥有了优秀的判断力和宏大的梦想,我们就拥有了强大的引擎和实践动力。

镜子

与他人交往的时候需要做到自我客观化。所谓自我客观化，指的是能够客观地认识自己的能力。无论是谁都有缺点，有的人很自私，有的人很固执，有的人缺乏同理心，有的人很迟钝……但是如果因为有缺点就无法与人交往，那么世上就没有人能与他人交往。缺点本身不是最大的问题。最大的问题是不清楚自己的缺点，这样的话就很难与他人交往。

历史上的圣贤们也同样指出了这个问题。老子说："知不知，尚矣；不知知，病也。圣人不病，以其病病。夫唯病病，是以不病。"孔子也说："知之为知之，不知为不知，是知也。"

苏格拉底也曾说过："不懂装懂是愚蠢的无知。"他经常引用希腊德尔斐神庙阿波罗神殿门前那三句石刻铭文中的一句"认识你自己"。这句话并非只是单纯表达让人认清自己的社会地位和本分,其中还包含了敦促人类认识到自己的无知并且从客观的角度看待自己的含义。

只有客观地认识自己才能正常地与他人交往。举个例子,假如有这么一个上司,下属都把他当作上司来相处,但是他却把自己当作下属的同级同事来和他们相处。这样的话,他的下属和他相处的时候肯定会觉得很不自在。

改变自己不是一件简单的事情。但是至少我们应该认清我们的缺点和优点。只有认清缺点,才能改正;只有认清优点,才能发挥它的力量。做不到自我客观化的人就像是无法看清镜子的人。人只有看清镜子里的自己,才能整理好自己的仪表。

和别的学科不一样,人文学是一门关于人生的学科。它可以成为我们人生的镜子,帮助我们反思人生。经常换位思考的话,我们也可以客观地认识自己。

鞋子

不幸只是人的一种感觉,而不是一种现实情况。实际上也没有所谓不幸的情况,一切都只是我们的感觉罢了。但是现实中,有时候我们仍然会为某些事情感到不幸。比如,和亲密的朋友分开或者遭遇意外事故的时候,我们会感到不幸。感觉不到不幸反而是一件奇怪的事情。

问题是我们在不必要的情况下仍然会感到不幸。如果实在无法避免的话可以理解,但是我们应该尽量避免那些本可以不用感到不幸的情况。那么,我们主要在什么情况下会感到不幸呢?大部分是在我们进行"比较"的时候。生活中,我们无时无刻不在比较。通过比较,我们有时候也会觉得幸福,但是大多数时候我们会因此感到不幸。

我们和什么进行比较呢？第一，和别人进行比较，比较我们拥有的东西。当别人有我们没有的东西时，我们会感到不幸；当我们有别人没有的东西时，我们会觉得幸福。第二，和过去的自己进行比较。我们不但会和别人比较，也会拿过去的自己和现在的自己进行比较。当我们失去过去曾经拥有的东西时，现在过得没有当初好的时候，我们会感到不幸。第三，和未来的自己进行比较。因为未来的自己实际上是不存在的，所以准确来说，是和过去或者现在的自己所希望在未来成为的自己进行比较。当现在的自己和10年前所希望成为的自己有很大差异时，我们会感到不幸。

要想逃离"比较魔咒"的话，我们该怎么做呢？首先要停止比较，不比较就不会因为比较而感到不幸。但是比较的习惯并不是一朝一夕能够改掉的。我们可以尝试一下这个方法，我们可以进行比较，但是要改变比较的东西。我们经常比较外貌、学历、财产和权力等，从现在开始我们不要再比较这些东西了。

那么我们要比较什么呢？答案是人文学。当然并不是比较我们谁能取得人文学博士学位，或者看谁积累的人文学知识更多。人文学的力量不是能用学历和知识量来进行简单衡量的。和别的学科不一样,人文学中包含了责任和价值。化学专业出身的人要像化学那样生活,这句话听起来就很奇怪。但是哲学专业出身的人要像符合哲学原理那样生活,这是大家普遍认可的。

对于认真学习人文学的人,人文学的价值观会深深地影响他们。他们比较的就是人文学的价值观。认真学习人文学的人并不会让外貌和财产等外部因素影响自己的幸福感。他们将比较的东西由外转内,人文学价值观自然成了比较的东西。当发现别人管理情绪的能力更强的时候,别人过得更加有意义的时候,不会因此感到嫉妒,而是会努力去追赶他们。

我们可以羡慕别人的能力和地位。树立人文学价值观的人不会因此感到自卑和不幸,他们不会嫉妒别人的优点,而是用一颗宽广的心去直面,去祝贺。这就是我们常说的自尊。拥有自尊的人不去比较,即使比较也不会因此感到不幸。他们拥有宽广的心胸,不去嫉妒,反而为他人感到由衷的高兴。

有些人，一直以来饱受和他人比较所带来的痛苦，为了摆脱那种不幸的感觉，一直在和别人竞争。但是刚成功超越一个对手，却又会发现另一个比自己更加优秀的人，然后又会陷入感到不幸、去努力超越的恶性循环。如果你是这种情况的话，那就去改变一下比较的东西，树立自己的自尊。

自尊可以比作一双鞋子。人生是一条充满荆棘的道路。你是要把所有的时间都花费在拔刺上，还是为自己准备一双荆棘无法刺穿的鞋子呢？

橡皮擦

有一段时间流行过"治愈"的说法。虽然也有一些人文学者将治愈和人文学明确区分开来,但是事实上人文学是治愈的始祖。心理学和咨询学都是近代才出现的,以前人们都要依靠人文学来进行治愈。

以前的人们会找人文学造诣深厚的老师吐露心声,或者通过阅读人文学书籍来缓解内心的苦闷。孔子、释迦牟尼、苏格拉底、朱熹和李滉等大哲学家的问答法放到今天也是非常出色的教育方法,就像是一种哲学咨询。

曾经有一个身心俱疲的年轻女性来找佛祖释迦牟尼。几天前,她年幼的孩子因病去世了。她坚信有能够救活孩子的办法,甚至连葬礼都还没有办。她来找佛祖释迦牟尼并不是为了寻求克服痛苦的方法,而是为了寻求救活孩子的方法。她依然无法接受孩子去世的事实。

"佛祖啊,求求您告诉我能救活我孩子的办法吧!"

在女子的苦苦哀求之下,释迦牟尼告诉了她一个办法,找到白色的芥菜籽就会帮她救活孩子。但是有一个要求,必须要从一个从来没有家庭成员离世的家庭里获取白色的芥菜籽。这是根本不可能做到的事情,但是自认为获得了方法的女子被希望冲昏了头脑。她连忙跑回村子,为了寻找家中从来没有人离世的家庭四处奔走。

"你家里有过世的人吗?"

"二十年前母亲去世了。"

"前年小儿子发生事故去世了。"

"今年弟弟去世了。"

一直四处奔走的女子两天后忽然醒悟了,世界上根本没有那样的家庭。就这样,她接受了孩子的死亡。

女子再次去找释迦牟尼。和第一次不同,这一次她很冷静。释迦牟尼问道:"找到芥菜籽了吗?"女子答道:"没有找到符合条件的芥菜籽。村子里去世的人比活着的人还多。"

释迦牟尼说道:"你当时认为只有你一个人失去了珍贵的人。然而,有新生就会有死亡,有相遇就会有分离。这是世间万物的不变法则。人虽然一直在追求贪欲,但是死神会像一个巨大的波浪,把那些没有办法满足贪欲的人全都卷入痛苦的大海中。"

在现代心理学中,接受死亡也被当作一个主要的问题。伊丽莎白·库伯勒·罗斯既是一位心理学者,也是关于死亡研究的权威人士。她把临终者接受死亡的过程分为五个阶段:否认、愤怒、妥协、绝望、接受。

即将离世的人会否认死亡的到来,接着会因为将要死亡而感到无比愤怒。然后会进行妥协，希望自己能多活几个月来完成一些未了之事。随后又会陷入消极和绝望。最终会接受死亡，平静地离世。

但是并不是所有人都会经历这五个阶段。也有许多人尚未到达最后一个阶段，在前面几个阶段就去世了。这个理论不仅对于临终者，对于他周围的人也同样适用。前面的故事当中，来找释迦牟尼的女子还处在第一个阶段，她极力否认自己孩子已经死亡。这种情况下，直接说服她接受事实并不是一个好方法。这样做可能会适得其反，使得情况恶化。

女子领悟到别人也和自己一样失去了珍贵的人，最终接受了孩子死亡的事实。同样的话，从权威者和从有相同经历的人那里听到是不一样的。那个女子通过和有相同经历的人交流慢慢接受了死亡，在这个过程中获得了心灵的治愈。等到女子收拾好心情，这时候释迦牟尼才向她道出真理。释迦牟尼这样的治疗法和今天的咨询有着相似之处。

人文学的治愈力量并不只存在于那个时代。不只是故事中的女性,在数千年之后的今天,我们依然可以通过这个故事获得治愈。我们可以把自己的痛苦代入这个女子的痛苦当中,然后接受释迦牟尼的治疗方法。

人文学的治愈力量就像是橡皮擦。修正带或者修正液只是在错别字上面涂上一层东西,而橡皮擦则是把错别字一个个擦掉,然后重新开始。用力擦,手可能会疼,但这是修正错误最有效和最工整的方法。

人文学不提倡掩盖和忘记伤口,反而要求大家直面伤口。虽然会很辛苦,但这是一个必须经历的过程。释迦牟尼正是让那个女子直面孩子死亡的关键因素。

与精神医学或者咨询心理学不同,人文学是通过阅读和学习等传统自主的方式来实现治愈的目的。这种自主治愈的过程也是人文学的一大优点。

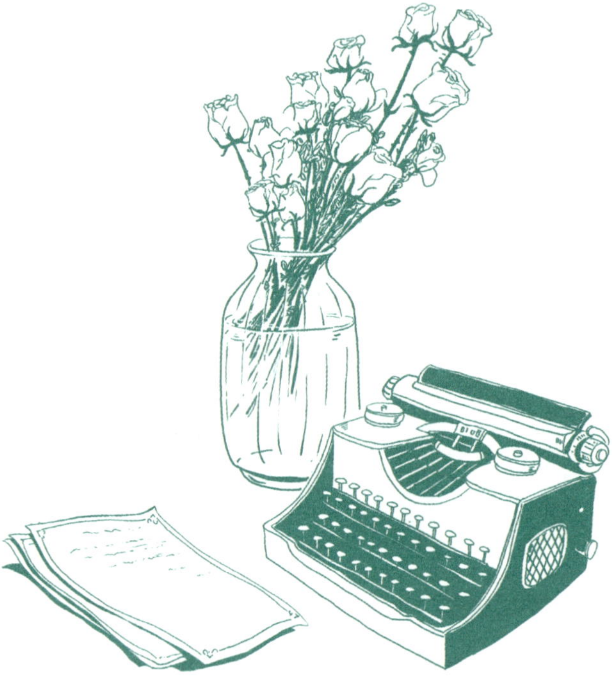

第三章 学习人文学的几个入门问题

- 纯粹文学真的纯粹吗?
- 不懂歌词也可以欣赏流行音乐
- 历史记录的是事实吗?
- 为什么要学习历史?
- 哲学可以被划分为东方哲学和西方哲学吗?
- 东方哲学不属于哲学的范畴吗?

纯粹文学真的纯粹吗？

"关于……的论争""论争视角下的……"，这类书名的入门书籍琳琅满目。或许是因为没有更好的切入点，再加上"论争"两个字更容易吸引人，所以作者才会从论争的角度来剖析一门学科的体系。本章把文史哲各个领域的争论焦点单独提出来进行分析，这样更有助于大家从整体上把握人文学的脉络。

首先，来分析韩国文学领域里不得不提的争论焦点。

在韩国现代文学史上，大致上有过两次关于纯粹文学的争论。第一次是纯粹文学与参与文学的争论。参与文学一派在作品当中加入了许多政治问题，同时主张文学的作用应该是揭露并反抗社会的不合理现象。然而纯粹文学一派则认为文学的目标应该是追求艺术美感，与时代问题和社会问题无关，尤其是与政治无关。

把视线拉到韩国解放之后，当时韩国的文学界大体上分为两派：一派是以林和、李箕永、韩雪野等为代表的朝鲜文学家同盟所主张的参与文学；另一派是以金东里、徐廷柱、赵演铉为中心的朝鲜青年文学家协会所主张的纯粹文学。

无论是强调政治性和抗争性的参与文学，还是追求纯粹和艺术感的纯粹文学，都有一定的道理。文学作品如果只注重谈论社会问题，那么其文学性和趣味性肯定会有所欠缺；而如果只是一味地强调艺术性，那么就会脱离实际，沦为一种"高尚"的娱乐。由此可见，我们很难断定两者孰对孰错。

但是近来有研究结果表明："参与与纯粹的争论"这个局面本身不过是纯粹文学一派有意为之，而并非所谓的时代之争。"排除政治"的口号本身就是最具政治性的口号。因为"非政治"一词背后就是以政治性作为标准来区分事物，隐含了其政治意图。

那个时代的纯粹文学并不"纯粹"。举个例子来说，一个是把表达因为人民处于意识矛盾和国家支离破碎的水深火热之中而感到愤怒的诗歌评价为具有政治性；另一个把歌颂传统和祖国大好河山的作品看作纯粹的。后者可能并不纯粹，也可能出于政治意图故意掩盖了现实问题。敢于直面国家支离破碎和贫穷落后的作品难道不是一种真正的纯粹吗？纯粹文学也可能打着纯粹的幌子，把舆论引向对自己有利的方向。

准确来说，当时韩国文学界对立的双方不是参与文学和纯粹文学，而是左派和右派。标榜纯粹文学的朝鲜青年文学家协会其实是由反共人物主导的反共团体。它的主要力量是在日本殖民统治朝鲜时期写下许多亲日作品的徐廷柱、赵演铉等亲日派作家。对于他们而言，将文学和现实问题联系起来无异于搬起石头砸自己的脚。

另外，当时左派在道义和舆论方面都占据了优势，形势对左派非常有利。因此右派经过一番深思熟虑之后，决定把左右派之争转变为强调政治性的参与文学与强调纯粹性的纯粹文学之间的争论。

第二个焦点问题是关于纯粹文学的争论至今仍然存在。如今纯粹文学与参与文学之争已经不复存在，取而代之的是纯粹文学与通俗文学之争。简而言之，纯粹文学追求作品的文学性和艺术性，而通俗文学则强调作品的趣味性和娱乐性。这里所说的纯粹文学指的是通过新春文艺奖评比或者著名的报刊初登文坛的作家们所写的诗歌、小说、随笔、戏剧和评论等。通俗文学则包括科幻小说、武侠小说、幻想小说、推理小说、恐怖小说和言情小说等。宽泛地说甚至还包括电视剧与电影这类影像文学、歌曲的歌词和漫画。

争论的焦点是通俗文学是否称得上是文学。纯粹文学一派批判通俗文学的作品不具备艺术性和文学性等文学的基本要素。他们认为，通俗文学的作品虽然很有趣，但一味地迎合大众的口味并不是文学的目标。文学主要是为了引起人们的反思，为了实现这一点，有时候需要站在大众的对立面，但是通俗文学显然做不到这一点。

通俗文学一派则反击称，今日深受大众喜爱的是通俗文学而不是纯粹文学。纯粹文学脱离大众，其作品只有职业作家和评论家才会去读。

两派的主张都有其一定的道理。但是事到如今,继续固守思维的话很难取得进步。当下应该在新的基础之上展开新的争论。早在很久以前,韩国文学评论家金炫就曾在《什么是文学》里说过下面的一段话:

> 毋庸置疑,文学需要具有美的形式。但是这样的形式并不是一开始就存在的。它需要用坚韧的毅力去不断否定形式本身才能够获得。追求美感并不是老套的,也不是把眼前的东西进行简化。它是通过和那些试图压迫人类精神的阴险恶毒进行斗争才能够获得的。

纯粹文学关于文学的形式和内容都应该具有美感的主张是正确的。但是这个形式和内容并不是由纯粹文学来定义的,文学作品的内容应该与一定的形式相对应。

我认为纯粹文学不应该用自己的标准去评判和排

斥通俗文学。纯粹文学和通俗文学不应该像现在这样一分为二。就算是通俗文学,只要它具备文学性,我们就应该认可它是一种文学;就算是纯粹文学,它的形式和内容如果是因循守旧的,我们就应该指出并批判它的不足之处。

古典小说和板索里[①]的歌词严格意义上也属于通俗文学的范畴。没有人能够否认板索里的文学性,因为从来没有出现过像它一样从民间来、到民间去的文学。

我期待纯粹文学和通俗文学能够碰撞出不一样的火花。纯粹文学应该要努力借鉴通俗文学的大众性,通俗文学则需要学习纯粹文学的问题意识。

---

① 板索里:韩国传统清唱的一种形式。——译者注

不懂歌词也可以欣赏流行音乐

非得懂得歌词才能欣赏流行音乐吗,并不是。即使不懂得歌词也可以听流行音乐。同理,并不一定要具备文学知识才能鉴赏文学作品。就算是一生都在研究文学的教授也无法准确理解所有的作品。

要想鉴赏文学作品,首先要把心门打开。我们阅读书籍是为了鉴赏它,而不是为了研究它。没有人听歌的时候会像参加英语听力考试一样紧张。那么,为什么在阅读的时候要像在解答语文题目一样紧张呢?我们最好先放下那种负担。

很多人觉得读诗比读小说难。在遇到难懂的诗句时,像解谜语一样去分析的话反而会觉得更加难以理解。即使不知道诗句的意思,直接去体会诗句不是也很充分了吗?这正是诗歌的魅力所在。我认为带着一颗平常心去大声朗诵几遍诗歌就足够了。在这个过程中，有时候也会自然而然地理解诗句的含义。

分析的前提是什么呢？是分离。换句话说就是将分析对象客观化，使其与自身"分离"。分析诗，要和诗保持一定的距离去观察它。因此分析并不等于鉴赏。

鉴赏诗歌要拉近与诗歌的距离，和它成为一体。所谓与诗歌成为一体，指的是把自己代入诗歌当中，就好像是自己写的诗，诗中写的是自己的故事一样。读诗不是为了分析，而是要去体会，用心去体会才是最重要的。

如果现在还没有理解的话，我们一起来读一首诗，在脑海中想象诗中的画面，好好感受一下。

《游子》
［韩］朴木月

渡口对岸
麦田旁

赶路的游子
行走在云端的那轮月

一条长长的路
南道①三百里

每一个酒香四溢的村落
天边火烧云

赶路的游子
行走在云端的那轮月

在鉴赏作品的时候,着急的人会好奇"渡口"象征着什么,"云"和"月亮"分别代表了什么,"游子"又代表了谁。他们认为只有弄清楚这些问题才能理解这首诗。文学科班出身的人或许会联想到作者朴木月经历过日本殖民统治朝鲜时期,把他的生平和诗的内容联系起来,得出这样的推论:"或许诗中抒发了日本

---

① 南道:韩国京畿道以南的地域。——译者注。

殖民统治朝鲜时期知识分子的哀伤之情。"这种分析也有一定道理。大家都可以根据自己的理解去解读诗歌。

但是刚读诗歌时,我不推荐各位立即去分析诗歌,从小声朗诵诗歌开始吧。即使不懂得诗歌的意思,也能从中体会到诗歌的韵味。

正如前面所说,一边读诗一边想象诗中所描绘的画面是一个很好的鉴赏方法。渡口对面的麦田旁有游子正在赶路,麦田附近的村庄若隐若现,村子里飘来了一股淡淡的酒香,麦田后方的晚霞映入眼帘。在这幅画卷中游子似乎和云雾融为了一体,不断低头前行。这一切就像是电影里的一个场景。出声朗读的话就能够感受到诗歌的韵味,哪怕只是想象出一个静谧的画面,我们也可以从中感受到诗歌中的宁静、美好,或者情感。

我们可以按照自己的理解去鉴赏诗歌。不懂的诗句不必过分地研究,即使分析不够专业,也一样可以鉴赏诗歌。

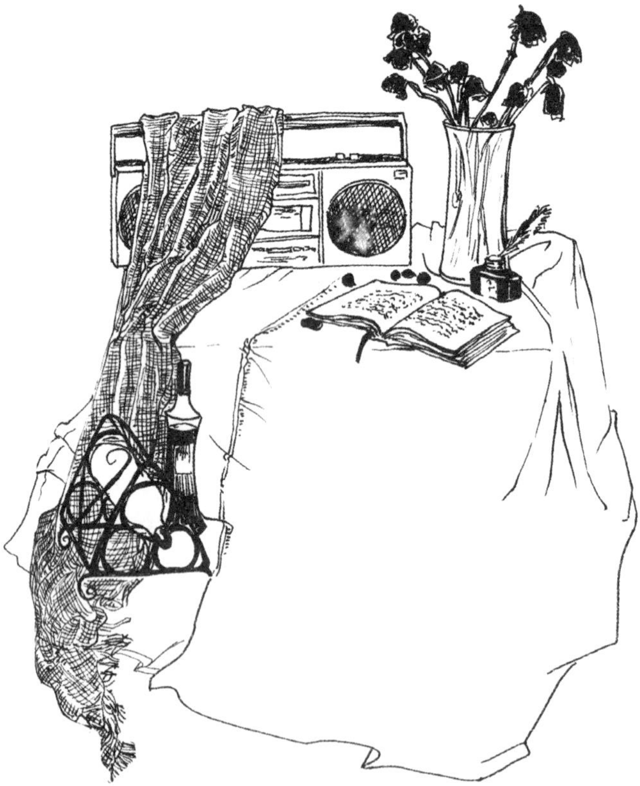

历史记录的是事实吗？

史学家应该客观地记述历史，还是主观地记述历史呢？答案当然是要客观地记述历史。"西方近代史学之父"利奥波德·冯·兰克也认为应该用科学客观的态度去研究历史。在兰克之前，历史学并不被认为是一门独立的学科。当时在神学和文学领域，随意记录和解读历史的风气十分盛行。

兰克认为，作为一个历史学家，研究历史应该尽量摒除自己的想法和价值观。神并不会因为你是一个虔诚的基督教徒就偏爱你，历史的发展也并不是一直进步的。如果随着时间的推移，历史也会进步的话，那么相比于古代的人，神应该更喜欢现代的人。但神却是不偏不倚的，因此每个时代都具有自己的意义和价值。由此可见，我们不应该用现在的标准随意地评判过去。历史学家的责任不是用现在的视角看待历史，而是用古代的视角研究古代的历史，以中世纪的视角研究中世纪的历史，客观地记述每一段历史。

英国历史学家特里维廉强调了历史在文学方面的功能，但他并不否认应该客观地看待历史。不过他认为历史学家的任务不只是客观地记述历史。在做到客观地分析历史的基础之上，还应该做到符合当下的标准，甚至用文学的手法去记述历史。一味地追求历史的客观性和科学性反而会使其失去生动性。

另一方面，贝奈戴托·克罗齐等历史学家们认为："所有的历史都是一部现代史。"他们的关注点不再是是否应该客观地记述历史，而是人们能否做到客观地看待历史这个根本问题。研究历史的历史学家也是人，只要是人就会有偏见，就会有自己的观点。作为一个人，历史学家很难摒除自己的观点。即使摒除了一个观点，也会出现另一个观点。摒除了现在的观点 A，这并不会使得观点数量变为零，只不过是由"观点 A"变为了"观点 B"。因此，无论历史学家再怎么努力，也很难做到百分之百客观。

即使能够做到客观地记述历史,那也并不值得提倡。为什么这么说呢?从韩国历史教科书中我们就能找到答案。韩国历史不只是单纯地记录韩国的历史,它还从韩国的角度去解释历史。举个例子来说,韩国的历史书把引起壬辰倭乱的丰臣秀吉评价为日本侵略者,把征伐周边国家的高句丽广开土大王评价为英雄。如果我们排除主观因素的影响,那么是不是也应该从积极的视角去评价丰臣秀吉呢?

今天的主流观点认为很难做到完全客观地记述历史。虽然如此,世界上也鲜有历史学家会随意捏造历史材料,不顾事情前后联系。

综上所述,我们在阅读历史书籍的时候,要时刻记住:就算是再权威的历史学家,也不能百分之百地相信他。

为什么要学习历史?

在韩国高考、公务员考试等国家考试当中,韩国历史都是一个必考科目。知名历史老师们也会参加综艺节目给大家普及历史知识,一到国庆节等节日也会做相关主题的演讲。历史类书籍也非常畅销。

韩国历史不只是青少年的必修课,它正在慢慢成为所有韩国人的必修课。几年前,曾经有一位韩国艺人因为没能认出安重根义士[①]而受到舆论的强烈谴责。这个事件不仅体现了韩国人民历史知识水平的提高,还可以看出他们十分清楚历史的重要性和必要性。

大家对于历史饱含热情,一方面让人感到高兴,一方面也让人感到惋惜。因为大家好像没有深入思考

---

① 安重根(1879年9月2日—1910年3月26日),朝鲜近代史上著名的独立运动家,于1909年暗杀时任日本首相的伊藤博文。——译者注。

学习历史的计划。一般来说,人们对于历史抱有两种态度。第一种态度是把历史当作"背诵"的对象,误认为学习历史就是积累更多的历史知识。韩国历史考试当中也会出现"古代石塔有多少层",或者"这本书是什么年代的"等诸如此类非常琐碎,甚至有点毫无意义的问题。由此可见学校教育已经本末倒置,不是为了教育而考试,而是为了考试而教育。如果只是一味地背诵历史,那么学到的只是一些细枝末节,无法领会历史的精髓。

第二种态度是把历史当作"纪念"的对象。如果说"背诵"只是单纯地认识、了解历史事件的话,那么相比之下纪念就是一种更为进步的行为,因为它能够记住历史事件的意义。全国各地为了纪念日本"慰安妇"受害者而竖立少女像和修建强制动员劳动者[①]像都是典型的纪念行为。《凤梧洞战斗》《暗杀》等历史电影也具有一定的纪念意义。

纪念虽是比背诵更加进步的态度,但我们不应该

---

① 日本殖民统治时期,朝鲜半岛大量的工人被强制带到日本做劳工——译者注。

只停留在纪念，应该继续往前。我们应该学会"继承"，准确地说是富有创造性的"继承"。后世的人们不应该只是背诵历史人物的生卒年份，为他们竖立纪念碑，修复他们的故居。如果只是一味地悼念，那么我们只不过是在做一个吊唁者，而不是历史的主人公。

那么"继承"究竟是什么呢？举个例子来说，我们一起思考一下当下是否存在和日本殖民统治朝鲜时期一样的剥削和压迫。不能一提到对劳动的强制性剥削就说是当时历史背景下应运而生的现象，如果认为那个特定的历史时期才存在那种问题的话，历史只会一直原地踏步。

因此我们要创造性地"继承"。即使不是被监禁、被强制性地带走，有的人也因为生计问题束手无策，不得不在恶劣的劳动环境中工作，有的人不被当成人来对待，有的人被非法解雇……我们应该去体会他们的痛苦，努力去改变这种现状，让世界变得更加美好。这就是所谓的创造性的继承，也是作为历史的主人公应有的态度。

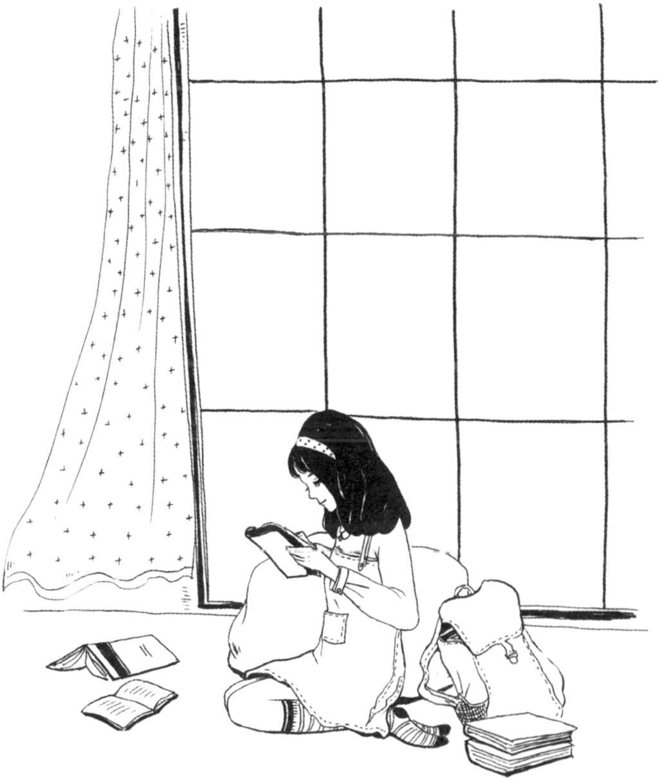

我们为什么要学习历史中的伟人？是为了记住他的生卒年份吗？是为了纪念他吗？不，是为了继承他的精神。伟人走在时代的前列，我们应该从他们身上学习如何才能进步。

哲学可以被划分为东方哲学和西方哲学吗?

在讲东方哲学和西方哲学之前,我想先讲一下东方和西方划分的由来。这种划分方法不过是一种以西方为中心的思考方式,根本没有反映出东西方文化上的差异。

大家应该都听说过近东、中东、远东。从字面上来看,近东就是比较近的东方,远东就是比较远的东方,中东介于近东和远东之间。这个距离的划分是以什么作为标准的呢?答案是欧洲。离欧洲比较近的就是近东,包括土耳其、伊朗等国家。离欧洲比较远的就是远东,包括中国、韩国、日本等国家。

然而土耳其、伊朗和沙特阿拉伯这样的伊斯兰文化圈和中日韩这样的汉字文化圈有着怎样的共同点才会被划分到一起呢？相比之下，反而是伊斯兰文化和欧洲的基督教文化拥有相同的起源，那里的穆斯林和欧洲人在人种方面也比较接近。因此东方和西方这种划分法并不是以文化、人种等的共同点作为标准，只不过是先把欧洲定义为西方，剩下的国家和地区都被划分为非欧洲地区罢了。

因此，东方哲学和西方哲学这种说法本身是不准确的。希望大家严谨一点，尽量不要使用这种说法。像东亚哲学、印度哲学、欧美哲学、阿拉伯哲学等带有地区名称的说法则更为准确一些。但是一般在学术界里，东方哲学和西方哲学的说法还是比较常用的，所以在书中我们只能暂时先使用这种说法。

哲学的标准不一样

东方哲学与西方哲学是不一样的，特别是在判断是否是真正的哲学的标准上显得尤为不同。东方哲学比较注重思想的实践性，一种思想要获得认可的话，必须证明自身能够对现实生活带来益处，具有一定的实践性。相反，西方哲学则比较重视思想的理论性。如果一种思想论证严谨，没有逻辑上的缺陷的话，它就能得到认可。

因此，东方哲学比较偏向于实践，它与政治学和伦理学有着密切的关系。举例来说，东方哲学重视实践性，发展了严于律己以求达到高尚人格的内心修炼方法。而西方哲学的特点则是注重理论的逻辑性和分析性，不断探寻新理论的尝试，具有一定的创造性，但是有时候也会出现因为过分执着于理论而脱离实际的情况。

另外，二者关于时间的观点也完全不同。东方哲学认为，世界是"流逝的时间"和"变化的世界"，变化是必然的，不求变化必然会被时代淘汰。而西方哲学并不这么认为，并试图从变化当中找寻某种永恒不变的东西。

我们来看看"实体"这个概念。神和人之中到底谁是实体呢？除了虔诚的宗教信徒之外，估计大部分人都会回答人才是实体。因为在我们的印象中，生活中肉眼可见、触手可及的东西才是实体。

然而西方的主流哲学认为神、理念是实体。他们所认为的实体是不需要依靠他物能够独立存在的不变事物。所以像人类这样需要依靠他物才能生存的事物不是实体。实体是一切其他事物的基础，并且它是独立的。其他一切东西可以变化，而实体本身却可以保持不变。这种关于实体的观点从柏拉图一直延续到笛卡尔。

互相影响的双方

在东方哲学的基本思想中很难看到这种不变的世界观。由此可见东方哲学非常注重现实。如果孔子了解这种西方哲学的世界观，他很可能会觉得不可理喻。但是有趣的是，这种看似不现实、不可能实现的、关于永恒实体的研究竟然成为西方发展数学和科学的动力。他们在数字中找寻不变的可能性，使数学得到了不断的发展。正是追寻世界的真理与法则，以及宇宙另一端实体的努力，带来了化学、物理学、天文学等科学的发展。

综上所述,我们分析了东西方哲学的不同之处。我认为将哲学划分为东方哲学和西方哲学是一件很牵强的事情。东西方思想相互交融,相互影响。或许正是因为如此,最近二者交替轮流成为哲学的主流。现代西方哲学正尝试着从东方哲学中找寻解决过去思想问题的办法。而东方哲学则想要借助西方哲学的方法论来重新进行理论解释和调整自己的体系结构。

东方哲学不属于哲学的范畴吗?

在韩国,哲学专业通常会学习东方哲学和西方哲学。但是在欧洲和美国的大学里,除了夏威夷大学这样少数的例外,哲学专业的学生基本上不会学习东方哲学。可是他们会学习一些印度哲学知识。因为在欧美,东方哲学不属于哲学专业的课程,而是东亚学专业的课程。从这个例子可以看出东西方关于哲学看法上的差异。

在西方,无论是普通人还是哲学科班出身的人中都有少数者贬低东方哲学,甚至有的学者声称东方哲学配不上哲学这个称号。相比于东方哲学,西方哲学逻辑性的思维比较发达,同时两者虽然都是哲学,但是存在比较大的差异。尽管如此,认为东方哲学不是哲学这个观点本身难道不就是一种过度地以西方为中心的思考方式吗?

19 世纪才出现的"哲学"

要回答东方哲学究竟是不是哲学这个问题,我们首先要分析"哲学"一词的来源。在东方,"哲学"一词直到 19 世纪才出现。当时日本引入西方哲学,正在为"philosophy"一词寻找合适的翻译。日本学者西周借鉴了中国宋朝儒家学者周敦颐《通书》一书中的"圣希天,贤希圣,士希贤",他把"philosophy"翻译为"希贤学","希贤"指的是渴望知识的意思。这样翻译是考虑到"philosophy"中包含爱好知识的意思。随后又把富有儒家色彩的"贤"字改为了"哲"字变成了"希哲学",最后去掉了"希"字变成了现在的"哲学"。

原来东方的儒家、佛教、道教的思想被称为"道"、"学"或者"道学"。后来之所以不用"道学"而是创造了"哲学"这个新词,是因为"道学"指的是东方思想,我们需要一个新词来指称与东方思想截然不同的西方思想。随着西方化不断发展,以及"道学"一词被人遗忘,人们才开始把东方思想称为"哲学"。假设近代历史发生改变,不是西势东渐而是东方掌握了世界霸权,那么或许西方会抛弃

"philosophy",为"道学"创造一个对应的新词。

philosophy 与哲学

综上所述,哲学大致上可以分为"philosophy"和"哲学"。philosophy 是西方语言,它与道学是一对相对的概念,指的是西方思想。虽然"哲学"一开始是作为"philosophy"的翻译词汇出现的,但是随着"道学"一词的没落,如今"哲学"已经是包括了西方哲学和东方哲学的一个概念。

那么回到最开始提出的问题,东方哲学究竟是不是哲学?答案是肯定的。但是东方哲学不是 philosophy。因为 philosophy 指的是西方思想。同样,西方思想也不是道学。

	西方思想	东方思想
19 世纪以前	philosophy	道学
现代	哲学	

然而一部分西方的事大主义者[①]并不满足于这样简单地划分东西方思想，非得分出优劣。他们把"东方思想与西方思想不同，不属于philosophy"这个论题悄悄地篡改成了"东方思想无法满足philosophy的要求，因此不是哲学"。这是把"东方思想和西方思想不同"这一事实巧妙地改为了"东方思想无法满足西方思想的要求"。正如西方思想不是道学一样，东方思想也不是philosophy这一简单明了的事实却被篡改为了"东方哲学不是哲学"。

这就像拿"美国是两院制，韩国是一院制"来做文章一样，事实是"韩国和美国议会体制不同"，但是却说"韩国无法满足两院制的要求，所以韩国不是议会民主主义国家"。我们应该承认韩国和美国是两个不同的国家，而不是讨论二者孰优孰劣。同样，东方思想和西方思想是不一样的，但是两者并没有谁对谁错之分。

[①] 事大主义：一种外交理念，是基于强弱力量对比情况下小国侍奉大国以保存自身的策略。——编者注

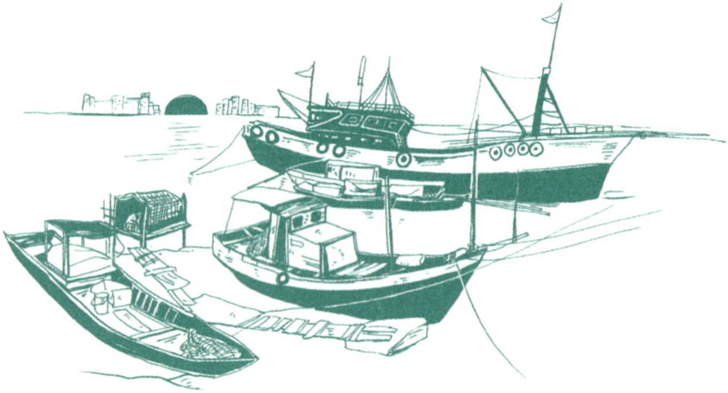

第四章 攀登人文学高峰的 8 种方法

- 始于"问题意识"
- 跟随内心去阅读
- 遇到不懂的句子就跳过吧
- 读一些和自己想法不一样的书籍
- 过江之前不要扔掉竹筏
- 不要害怕误解
- 学以致用
- 抓住要点

始于"问题意识"

回想起上学的日子,第一节课的时候,老师们总会先教我们应该如何学习这个科目。当时老师教育我们该如何学习英语和数学的场景还历历在目。虽然有的老师会让我们死记硬背,把书本读到滚瓜烂熟,但是也有老师会告诉我们合适的学习方法。

学习人文学也是如此,找到一个合适的学习方法非常重要。如果直接跳过简单的入门书籍,一开始就从经典古籍入手的话,就算是意志坚定的人也会觉得很难,可能会就此放弃。这种做法只会让人失去学习的兴趣。本章将介绍一些能够帮助大家更好地学习人文学的方法。

找到自己的节奏

对于人文学来说,从什么开始学习非常重要。这也是初学者最为头疼的问题。书店里关于人文学的书籍五花八门,还有各种各样关于人文学的演讲,这让初学者们难以抉择,不知该从何入手。有的人会因为受到"人文学的精髓是经典古籍"这句话的迷惑,一开始就阅读经典古籍,结果很快就失去了兴趣,不再继续学习。有的人会读朋友和名师推荐的书、畅销书、大学的推荐书目。

虽说经典古籍是人文学的精髓,但是我们不是一定要从经典古籍开始学习。推荐书目可以参考,但是没有必要都读。朋友觉得好看的书、名师推荐的书并不一定适合自己。当然,别人喜欢的书也很可能合自己的口味。但这并不是一定的,权当参考就好了。

先找到自己的标准,然后再选择要读的书,把握好前后顺序非常重要。换句话说,就是要从自己的价值观出发。所谓的问题意识指的是人生的核心问题。举例来说,电影《南营洞1985》是以两个真实人物的故事改编而成，两人分别是拷问者李根安和被拷问者金槿泰（后来曾担任韩国保健福祉部部长）。李根安思想中的问题聚焦于共产主义。他坚信只要是为了反共，就算是再独裁的政权也应该守护。所以他把所有反对当时政权的人都当作"共产党"和"间谍"。相反，李槿泰思想中亟待解决的是反民主化问题。这也是他为什么不屈服于严刑拷打，为了实现民主化斗争到底。由此可见，问题意识的差异会影响人生的方向。

再来看一个例子，韩国的金九[①]和吕运亨[②]，他们两位既是独立斗士也是政治家，他们的问题意识都在于解决殖民状况，也就是如何才能从日本的占领下恢复独立。虽然他们的问题意识相同，但是解决方案却是不同的。金九选择武力反抗以争取独立，吕运亨则认为可以通过外交手段获得独立。韩国解放之后，两人关于建立一个怎样的国家也进行了深刻思考。虽然思考的问题相同，但是两人选择的国家体制却是不同

---

① 金九（1876年7月11日—1949年6月26日）：号白凡。在中国各地辗转27年，是韩国历史上的传奇人物、著名的韩国独立运动家，被誉为"韩国国父"。——译者注

② 吕运亨（1886年5月25日—1947年7月17日），号梦阳，韩国独立运动家、政治家。——译者注

的。金九支持建立自由民主主义国家,而吕运亨支持建设社会民主主义国家。虽然两者关注的问题相同,但是解决方案不同。因此他们虽然存在相似之处,却走上了完全不同的人生道路。

找寻并解决问题意识的过程

从上面的例子我们可以看出,根据问题意识和解决方法的不同,人生之路也会有所不同。可以肯定的一点是,首先要知道自己的问题意识是什么。一般来说,成长背景和环境会导致问题意识的不同。如果身边亲近的人去世的话,就会产生对死亡的思考,比如"为什么人会死","死后的世界真的存在吗","送走深爱的人之后,自己要如何克服悲痛","死亡对我们究竟有何意义"等。这个时候推荐大家阅读《关于死亡的领悟》这类书籍,应该会有所帮助。

问题意识听起来好像很深奥,但其实并不一定是很宏大的东西。如果觉得问题意识很难理解的话,可以把它当作一种苦恼或者乐趣。爱情、自卑感、人际关系等都可以成为问题意识。

　　问题在于认识到自己的问题意识并不是一件简单的事情。学习人文学就是解答问题意识的过程，在这之前一定要清楚自己个人的问题意识是什么。学习人文学慢慢也会发现一些和入门的时候不一样的、更为深刻的问题意识或者新的问题意识。假设没有问题意识或者问题意识薄弱，也不必因此感到沮丧。去书店买一本感兴趣的书来读一读就好了，这或许可以帮助你找到内心的问题意识。因此，大家可以先从感兴趣的书读起。

跟随内心去阅读

怎样开始学习才好呢?根据不同的问题意识和学习目的,每个人的开始也可能会不一样。具有明确问题意识的读者不妨先从相关的书籍读起,这样就会慢慢产生兴趣,也可以提高专注度。人文学本身是要先理解书本的内容,然后提出问题,接着反省自身,最后展开想象的过程。如果缺少了问题意识,那么这个过程可能会变得很困难。

然而学习也并不是非得要具备特定的问题意识。出于对知识的好奇,也可能会打开一本人文学的书。如果大家属于这样的情况,那么可以选择一本感兴趣的书来开始学习。例如,听了庄子的故事之后,如果觉得感兴趣,可以找一些和庄子相关的书籍来阅读。庄子是生活在中国战国时期的一位思想家,受老子的思想影响很大。如果想要深入了解庄子的话,首先要

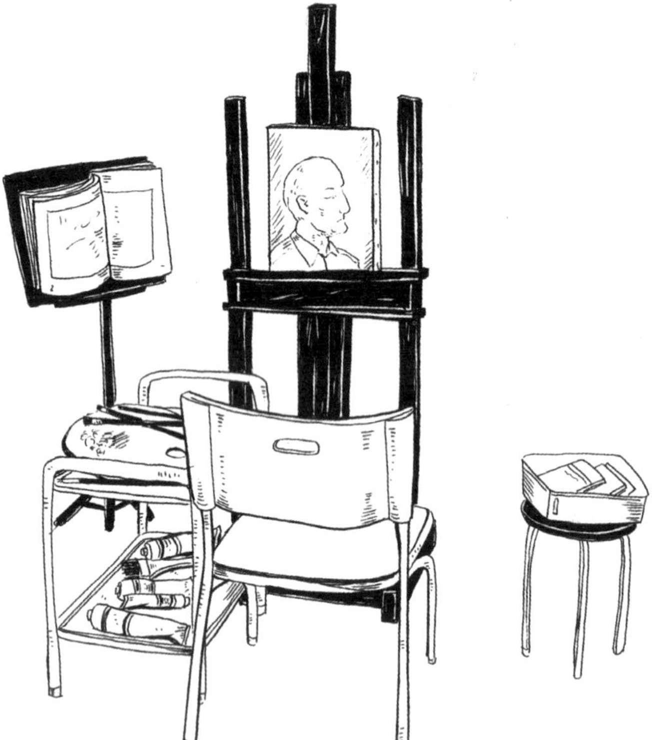

了解老子和战国时期的历史,同时还要了解中国的古代哲学。

那么我们要从什么书开始了解庄子呢?如果是我的话,我会先找到比较简单易懂的《庄子》译注版。有的人会说,读古籍先读译注的话容易局限于作者的视角,所以建议直接去阅读原作。也有的人说要想了解庄子,必须先了解老子、中国历史、古代哲学等背景知识。但是在我看来,这么做的话,最后可能什么都做不成。因为你可能刚读几页中国哲学概论就会觉得很疲惫。当然,想要深入了解庄子的话,必须要了解老子、中国历史和中国哲学。但是如果不是梦想成为一个专门研究庄子的学者,就没有这样做的必要。

如果只是单纯想要拓展自己的知识面才去了解庄子的话,那么没有必要先阅读这么多关于背景知识的书籍,可以直接去阅读和庄子相关的书籍。比如说去阅读简单易懂的《庄子》普及类图书。像《受骗的庄子》《阅读庄子》《李某人的庄子之旅》,就比较适合大家去阅读。读了几本普及类书籍之后,如果对庄子的兴趣和了解加深了,这个时候再去阅读原作。

如果想要更加深入地了解《庄子》，找对庄子产生很大影响的老子和战国时期相关的书籍来阅读就可以了。在阅读过程中的某一瞬间可能会对与庄子对立的思想家孔子、孟子产生兴趣，也可能会因为对晚年时期研究老庄思想的德国现代哲学家马丁·海德格尔感兴趣而去学习西方现代哲学。

话说回来，为什么大众普遍不相信添加了译注的经典古籍，尤其是韩国国内所做的译注呢？其中很重要的一个原因不就是事大主义者一直在崇洋媚外吗？我认为如今国内的研究人员也可以做出很优秀的研究成果。如果我们一直排斥译注的话，相关的译注、研究、论文也会化为乌有。不要一味地排斥译注，而是要学会去判断哪一位作者值得信赖。虽然判断的眼力要靠自己来培养，但是大体上来说专业人士写的书应该是没有问题的，因为这可能是凝聚了他们十年乃至数十年心血的作品。

最后，希望大家不要有太大压力，并不是一定要直接阅读原作，感兴趣的时候再去阅读也为时不晚。还有，并不是要了解了整体才能理解局部，译注就是帮助我们在不了解整体的情况下理解局部的一种工具，希望大家可以充分利用加了译注的书籍。

读书没有固定的顺序。无顺序正是学习人文学的顺序，自己决定顺序就可以了。一开始阅读一些简单易懂的、解决问题意识和满足好奇心的译注类书籍，慢慢地就可以插上翅膀在人文学的大海之上尽情翱翔。

遇到不懂的句子就跳过吧

我们很少能做到完全读懂一整本书，书中肯定会出现一些难以理解的句子。这种时候有两个选择，其中一个是直接跳过。学习本身是一个从易到难、循序渐进的过程。只要我们按部就班地学习，遇到难懂的文章的频率就会上升。如果每次都纠结于难懂的句子不放，这样很难有进步。

另外，如果因为这些难懂的句子最后放弃这本书的话，往后只会一直买和它差不多水平的书。举例来说，假设一个人的人文学水平是30，A类书的深度是30，B类书的深度是50。如果因为读起来很简单就一直只读A类书的话，很难有进步。这样做只会原地踏步，水平一直停留在30。

我的建议是，遇到难懂的句子可以果断地跳过。

如果能够大概感觉作家想表达的东西，那么先跳过到下一部分也无妨。

有的书读起来很简单，有的书读起来需要花费一些时间，有的书根本读不懂。如果想提升人文学的知识水平，不能只读简单的书，还要读像B类书这样进阶的书。

第二个选择是一直读到理解为止。并不是读的书越多，人文学素养越高。虽然人文学的书看起来五花八门，其实核心只有一个。只要找准核心，就算是陌生的句子也可以理解。但是如果找不准核心，就算积累了再多的知识，因为没有把它们整理成体系，脑子里只会一片混乱。

找准核心也被称作开窍。与其读很多简单的书，不如去读一些有难度的书。这样或许可以让自己开窍。

这两种方法很难区分孰优孰劣，各自都有其优点和不足。对于刚入门的读者来说，可以灵活运用这两种方法。有的地方可以直接跳过，有点地方则需要花点时间弄明白。这样做慢慢地就会进步。

我们还要清楚一点:那些难懂的句子中,有的是很难理解,有的是不常用。有的句子是因为内容本身很难懂,有的句子是因为表达方式过于晦涩所以看起来很难懂。我们要明确区分这两种句子。前者是无法避免的,只能接受;后者则只是单纯的劣质表述:本来可以很简单明了表达的句子,为了追求华丽而故意把句子变得晦涩难懂。

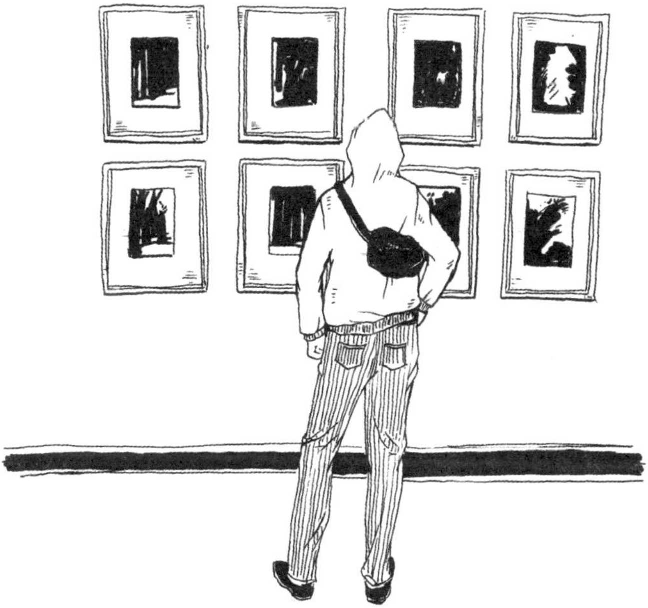

读一些和自己想法不一样的书籍

上学的时候,写读后感除了自己的感受和启发之外,还得写上一些批判的内容才能获得高分。由此可见,批判性的思考和读书已经成为一种社会风尚。我支持鼓励批判性思考。习惯性地提出问题,挑战权威,个人和社会才会取得发展。

我认为现在应该从实践层面上去考虑批判性思考而非它的必要性。因为在当今社会批判性思考作为一种伪流行,正在阻碍真正的批判性思考的发展。

之所以会这么说,是因为接受批判性思考的大环境并没有形成,人们只是在消费"批判性思考"这个口号罢了。虽然国家提倡批判性思考的教育和培养相应的人才,但是在实际中很难达到预期的效果。举一个简单的例子,一个人如果向他的职场上司或者长辈提出批判性建议，估计会被解雇或者被狠狠地训斥一顿。我们不仅要培养大家的批判性思考的能力，还要培养大家乐于接受他人批判的能力。后者我们现在做得还不够好。

只有改变自己才能改变思考方式

作为一种流行，批判性思考也适用于阅读。为了不被作者的想法和见解牵着鼻子走，我们应该以自我为中心，从批判性思考的角度来理解文章。我们会认为批判性思考都是对的，自然都会选择用这种方式去阅读，但问题是如果这个过程稍有差池就会阻碍我们的成长。因为在我们训练还不到位的时候，很容易造成认知上的偏差。

康德的哲学经常被称作"哥白尼式倒转"。所谓哥白尼式倒转指的是：就像哥白尼推翻了主流的地心说，主张日心说一样，通过革命的方式改变原有的见解和价值观。那么康德做了什么呢？他改变了认识论。在这之前，认识论认为人类不过是原封不动地接受外部的世界和事物。然而康德并不这么认为，他主张人类具有自己认识的框架，通过这个框架来接受外界的事物。简单来说，用三角形的碗来装水的话，水的样子就是三角形的；用四边形的碗来装水的话，水的样子就是四边形的。这就是康德所主张的结构主义。

我们有必要从批判性思考和结构主义的视角去思考问题。批判建立在一定的基础之上。这个基础就是主语，没有主语就没有所谓的批判。"批判B"，这句话因为缺少了主语，所以并没有把事情说清楚。"A批判了B"，这句话才把情况说清楚。批判性的阅读并不只是单纯地用批判性的方式去阅读，准确地说，是"我"用批判性的方式去阅读。在这句话当中，相比于"用批判性的方式"，批判的主体"我"显得更为重要。

保持批判性思考的态度虽然也很重要，但是使批判的主体——"我"成长起来，构建和拓宽自己思考的结构显得更为重要。只有培养自己才能提高批判的质量。自己足够出色的话，即使不时时刻刻把批判性思考放在心上，也能够看到问题、发现问题。

批判无法脱离一个人认识的结构、价值观、知识体系。人按照自己的想法和所知道的知识去进行批判。但是如果漫无目的地进行批判性阅读的话,那么相较于一边读书一边反省自身从而达到成长的目的,采取防守的态度保持自己原有的模式显得更为迫切。

读书学习的首要目标是为了成长。在这个前提下,我们应该阅读一些不常看的、自己不了解的书籍。阅读自己了解的书籍无异于单纯的重复,只有阅读不了解的书籍才能够拓宽自己的视野。

在阅读那些不经常看的书籍时,书中提出的价值观和我们的价值观会发生碰撞。这样一来可能会打破我们的价值观或者两者融合形成新的价值观。只有这样才能够获得成长。但是如果一开始就以批判的姿势居高临下的话,我们的价值观不会发生改变,反而是书中的价值观会受到我们的攻击。这样一来,就达不到变化和发展的目的了。

过江之前不要扔掉竹筏

正如前面所说,在学习人文学的时候,仅仅是从批判的角度去读书是很难进步的。首先,要培养自己的阅读能力。我认为难读的书分为两种:一种是我们比较难理解的书;另一种是我们比较难接受的书。第一类书的含义比较深刻,或者是文章的内容比较晦涩,让人读起来比较吃力。第二类书因为和我们的价值观有出入,所以让我们很难接受,读起来也不太容易。难以接受意味着我们和书之间产生了一定的冲突。

这种时候应该说服自己,而不是去批判书的内容。如果由于批判式阅读导致内心的大门紧锁,这种情况下的阅读被称之为封闭式的阅读,那么说服自己去接受的阅读就是一种开放式的阅读。其实一边批判一边阅读可能会更加轻松。因为难以接受和读起来不舒服的内容可以不用管,直接跳过。但是用说服自己去接受这样开放的态度去阅读则会导致激烈的内心斗争,因为我们会本能地去坚持已有的东西。

即便如此,我们也应该坚决说服自己。因为只有这样才能引起内心的斗争。究竟是我的价值观正确,还是书中的价值观正确,我们会进行反复的论证和辩论。在这个过程中,我们人文学式的思考方式和逻辑能力会有很大提升。

但是我们并不是禁止批判式的阅读方式。这里想要借助指出批判性阅读方式的风险性和两面性,帮助大家认清读书的先后顺序。也就是在批判书中内容之前,首先要用开放的心态去接受这本书。

韩国思想家朴重彬认为学习的人应该具备四个特质——信赖、奋发、质疑、诚心。虽然信赖和质疑是并列放在一起的,但是信赖被放在了质疑的前面,因此信赖更为重要。换言之,如果不相信人文学的话,就无法深入了解它。同时,质疑也是不可或缺的。质疑的本质就是批判。光有信赖而缺少质疑是不行的,只有同时做到相信和质疑,才能够做到独立思考,创造出新的东西。

在批判之前该做的事

为了求道,释迦牟尼离开了王宫,来到了当时颇有名气的婆罗门门下。他比任何人都信任老师,紧紧地跟在老师身后孜孜不倦地学习。如果当时释迦牟尼只是满足于做一个学生,那么我们现在应该不会记住他。释迦牟尼不仅认真学习老师的思想,还对老师的思想提出了疑问。慢慢地,他把老师的优点和不足都看清楚了。他指出老师的思想的不足,对其进行批判,然后进行完善,最终创立了影响更加广泛的哲学。同样,法国哲学家雅克·朗西埃虽然是哲学家阿尔都塞的学生,但是他批判老师的理论,最终和老师分道扬镳,提出了自己的哲学主张。

朴重彬认为信赖和质疑二者都很重要,但是首先要做到信赖。释迦牟尼和朗西埃在提出批判之前,都选择了相信老师尔后提出质疑,做出正确的批判,获得极大的成长。过江之后把竹筏扔掉也无妨。但是在过江之前就把竹筏扔掉,就无法顺利过江。我们要时刻铭记这一点。

不要害怕误解

政治哲学家汉娜·阿伦特提出的"平庸之恶"的概念十分有名。阿伦特在耶路撒冷聆听了二战战犯艾希曼的审判之后,写下了《艾希曼在耶路撒冷》一书,书中的核心就是"平庸之恶"。

艾希曼曾负责执行犹太灭绝计划。这种罪大恶极的刽子手,我们通常认为应该是一个穷凶极恶的杀人魔形象。但是在审判的过程中阿伦特注意到,艾希曼看起来并不是一个极端邪恶的人,而是一个常见的极为平凡的中年男性。他甚至还会引用康德的话来为自己辩护,认为自己不过是执行了国家的命令罢了。

阿伦特由此发现所谓的恶并不是只存在于恶魔或者有性格缺陷的人身上,即使是再平凡的人,身上也可能存在着恶。她把这个概念称作"平庸之恶"。她警告世人,如果做事之前不经过思考,像艾希曼这样无条件服从别人的命令,那么无论是谁都有可能犯下滔天恶行。的确,根据艾希曼朋友的回忆,艾希曼这个穷凶极恶的犯罪分子平时看起来就是一个平凡且善良的人。

但是后来,阿伦特受到了学者们的批评。他们指出:"平庸之恶"这个概念成立的前提必须是艾希曼是一个平凡的人,但是阿伦特却误解了艾希曼的为人。实际上艾希曼并不是一个只会服从上级命令的人,他是一个信念坚定的纳粹主义者。甚至在上司下达了停止命令之后,他仍然违抗军令对犹太人进行大屠杀。艾希曼不过是为了逃脱惩罚故意在法庭上装出一副平凡官员的样子。学者们的批判主要是认为阿伦特误会了艾希曼的为人,"平庸之恶"这个概念在一开始就存在缺陷。

有趣的是,这样的批判反而是误解了阿伦特。阿伦特不是一个被艾希曼的谎言欺骗、易上当的人。她想通过"平庸之恶"表达的东西并不是大家所认为的"谁都可能成为恶魔"。她并没有刻意去强调"任何人"

这个词。

> 艾希曼是一个彻头彻尾的傻子。这正是我想通过"平庸之恶"表达的观点。他们的行为里并没有什么深奥的含义,也没有能和恶魔扯上半点关系的东西。他们不过是讨厌换位思考罢了。
>
> ——《汉娜·阿伦特》

电影或者电视剧里经常出现这样一种反派人物,他们具有一定的威望,也有自己的人生哲学。希特勒在成为独裁者之前是一个著有《我的斗争》一书的"哲学家"。所以当时有很多德国人是真心支持和死心塌地追随纳粹的。

阿伦特对这样的纳粹感到不屑。在听了既是狂热的纳粹主义者又是高官的艾希曼的辩论之后,她发现在纳粹这样的邪恶中并没有什么深奥的东西,他们不过是"讨厌去换位思考",换句话说就是"缺乏思考的能力,很愚蠢"罢了。阿伦特想表达的并不是因为谁都可能成为恶魔,所以要反省和思考,而是因为恶就是

"没有自己的想法""不去思考",所以如果想避免恶的话就要去思考。

误会也能成为创造的契机

从阿伦特的故事中,我们可以看到误会和误解其实具有一定的积极作用。故事中出现过两次误会。第一次是到现在为止还有很多人误会"平庸之恶"指的是"谁都可能成为恶魔"。第二次是学者们误以为阿伦特误解了艾希曼的为人。事实上,从一开始阿伦特就没有把艾希曼当作普通人,反而是包括学者在内的很多人误会了她的想法。

人文学并不像自然学科那样具有标准答案。人文学里不会说因为这个是对的,所以那个就是错的。即使我们不像阿伦特那样去理解"平庸之恶",这个概念也不会因此失去它的意义。因为无论是否正确理解这个概念,它都会引起很多人的深刻思考。就算假设学者们的批判是正确的,阿伦特误解了艾希曼的为人,"平庸之恶"依然是世界上有效的概念之一。这相当于在误会和新概念之间产生了讨论。

除了上述的例子，关于误会的例子还有很多。在人文学的历史当中，很多人文学大家的思想都是源于对原有思想的误会。如果只是一味遵从于现有的思想，那么可能就不会产生新的成果。误会反而能够成为创造的契机。

另外在人文学的学习过程中，我们不可能对所有的概念都做到完全正确地理解。施莱尔马赫既是一名神学家也是古典主义学者，他认为当一个人努力去理解某个东西的时候，肯定多少会误解其中的一些内容。

害怕误会和误解是无法找到正确答案的。如果下定决心要学习人文学的话，就不应该害怕误会。当然不能曲解别人的意思，首先应该鼓起勇气去表达自己的观点。或许，人文学的精神就存在于误解当中。

学以致用

> 聪颖者鄙视学习，愚鲁者羡慕学习，明智者利用学习。
>
> ——《培根随笔》

这是英国哲学家培根的话。聪颖者指的是极端的现实主义者和实用主义者，他们关心的是如何能够赚到钱，所以他们对人文学并不感兴趣。相反，愚鲁者则十分羡慕学习。其中一个例子就是他们会把自己博士论文当中的思想家们当作神一样来看待。他们满足于充当一个忠实的人文学研究者。如同宗教信徒不敢利用神明一样，这一类人也没有利用人文学的想法。

然而，明智者会学以致用。他们会思考如何才能利用人文学来使自己的生活变得更加有意义，如何才能使世界变得更加美好。思考过后，他们便会去行动实践。

对于这类人来说,人文学可以成为一个强有力的武器。

学习,实践,怀疑

> 程子曰:今人不会读书。如读论语,未读时是此等人,读了后又只是此等人,便是不曾读。
> ——朱熹《论语集注》

读书学习的话多少应该有所变化。没有变化无异于没有读过书。明朝儒学家王守仁认为,"知是行之始,行是知之成",强调道德意识和道德行为的必然联系。所以如果学习了人文学,得出了思想结论之后,应该去实践它。总的来说,人文学的学习里包含了实践。

但是同样是明朝儒学家的王夫之,认为王守仁的主张是错误的。王守仁的主张其实包含了这样一层意思:行从属于知。其实生活中很多人都和王守仁一样,把知和行、认识和实践的关系单纯地公式化了,认为行是从属于知的。

然而行并不是知的完成。如果知道某个东西然后去实践它称作完成的话,这不过是知识的奴隶罢了。如果学习的知识是错误的,那么会发生什么呢?答案很明显:人自然会实践错误的东西。

因此王夫之主张:要通过实践去检验并发展知识,而不只是通过实践去完成知识。换句话说,在学习了人文学知识之后,要通过实践来检验所学的知识是否是正确的,是否是有用的。错误的地方要及时改正,不足的地方要不断完善,要不断发展知识。

我们经常说要把所学的知识变为自己的东西。把所学的知识变为自己的并不是要去死记硬背知识点。死记硬背并不能把知识变为自己的,反而会让自己成为知识的奴隶。把知识变为自己的东西这句话真正的含义是:通过实践去真正检验知识,发展知识,运用知识。

我们不能只停留在认识的阶段,要做到学以致用。认识指导实践,实践完善认识。在这个过程中,我们会慢慢地进步。

抓住要点

很多时候,虽然是不久前读过的书,但是总感觉其核心内容已经都忘光了,只记得对这本书的感觉。关键是这本书本身也有很多让人印象深刻的句子,也很能引起人的共鸣。为了避免这种情况,很多人会在读书之后立刻做读书笔记。

做读书笔记是一个好习惯。除了记录书的题目、作者名字等和书相关的信息,还会记录书的概要、喜欢的句子、所想所感,等等。只要不是比读书花的时间更长,我推荐大家去做读书笔记。

但是偶尔也会有人在读书笔记上花费了太多的心思,一开始是为了读书而做的笔记,而他们却是为了做笔记而读书,造成了本末倒置的情况,这种情况只会和书拉远距离。

读书中最重要的事情

利用零零碎碎的时间去阅读是一个很好的习惯。十分钟虽然很短,但是也可能成为人生中非常有意义的时间。让我们都养成一个习惯:活用在学校学习或者工作时的空闲时间来阅读。

我们经常使用手机,除了受到父母管教的孩子之外,几乎没有人会为使用手机制订一个计划。像上下班的时候,只要一有时间就会看手机。如果把这样的时间花百分之十去学习人文学的话,我们的生活会变得更好。

如果我们连阅读的时间都很难腾出来,还要去做读书笔记,可能有空余的时间也不会去阅读。所以我们应该用一种轻松的心态去阅读,笔记尽量做得简单一点就好了。

相比于笔记本,利用社交软件来做读书笔记或许会更好。可以在这些软件上创造一个属于自己的私密空间,在里面记录喜欢的句子、照片、所感所想,等等。另外这些软件使用起来也十分的方便，无论何时何地都可以打开使用。

我把读过的书大体上分为两类：一类是读一遍就够的书；另一类是值得多读几遍的书。我很喜欢去图书馆。读一遍就够的书我会在社交软件里面做一些简单的记录，值得反复读的好书我会买下来，之后可以一边阅读一边画下重点的句子。这样以后看到这些重点的句子就可以回忆起整本书的概要。

当然，每个人都有自己的方法。通过实践找到合适自己的方法就好了。

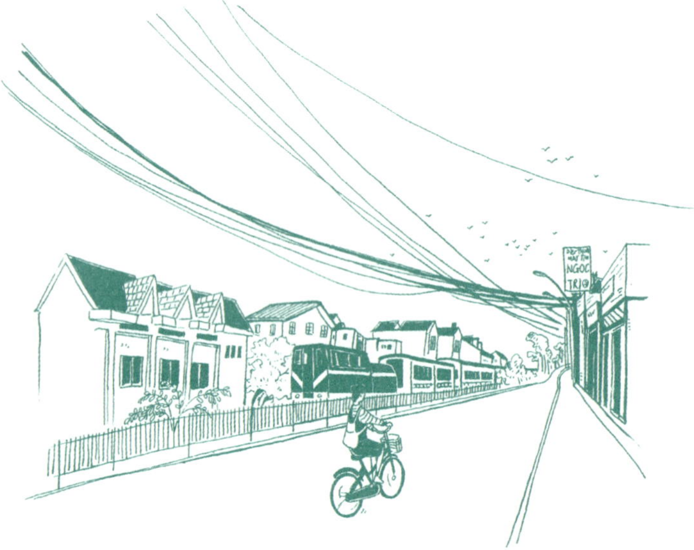
NGOC
TRI

第五章 首先要找到自己

- 孔子：不要拘泥于原则
- 知讷：直面伤口
- 康德：活下去也是一种『义务』
- 丁若镛：苦中有乐
- 子思：人生就是信念和欲望的斗争
- 韩何云：看看那些历经磨难的面孔

孔子：不要拘泥于原则

孔子是中国春秋战国时代的哲学家，儒家学说的创始人。他出生于鲁国，后来步入仕途，致力于教育和政治事业，最高曾官至大司寇。但是由于和当权者发生矛盾，无法实现自己的改革梦想，孔子因此离开了鲁国，开始周游列国，著书立说，教育学生。他去世后，其弟子及再传弟子把孔子及其弟子的言行语录和思想记录下来，整理编成《论语》。《论语》中孔子的哲学被视为东亚文化圈的重要思想。

每个人学习人文学的理由都不一样。我从"我"开始，然后到他人，再到世界，不断地提出问题。这个过程中不可或缺的是那些为我答疑解惑的人。而接下来我将要介绍的这些人，他们都是人文学史上有着重要地位的人，希望能够帮助大家全面地了解人文学的历史。

"学而时习之,不亦说乎?"

这是《论语》开篇的第一句话。在古籍中,第一句话十分重要。因为它们往往蕴含了这本书的核心思想。名人名言常常容易被人误解。人们一般把"学而时习之"翻译为"学习之后,不时进行温习",这里把"时"翻译为"不时"是不恰当的。"不时"其实就是"偶尔"的意思,那么整句话的意思就变成了"学习之后,偶尔进行温习"。孔子比任何人都要爱好学习和重视实践,因此孔子不可能说出这样的话。

我认为这里应该把"时"翻译为"适时"。"时"是一个哲学概念。以孔子为首的儒学家非常看重"适时",甚至连儒学都被称为"时的哲学"。正如孔子从来没有传授过古今中外放之四海而皆准的原则和道理,因为它们本身就是不可能存在的。

让我们看看"不去伤害别人"这条原则吧。虽然它看起来没有问题,但是并不适用于所有情况。虽然这句话听起来很美好,但是真的到了要和邪恶面对面的时候,它可能就显得十分苍白无力。像希特勒和全斗焕这样残忍的独裁者,我们无论如何都要把他们拉下马。这时候如果遵循"不去伤害别人"的原则,期待用和平的方式去解决问题,可能会导致无数无辜的人白白牺牲。那么这种做法就不是守护和平,反而是助纣为虐。

迪特里希·朋霍费尔是德国的一名神学家,也是一名牧师。他把希特勒比作"疯狂的司机",策划了暗杀希特勒的计划。对于基督教徒而言,杀人是《圣经》十诫之一。他提出主张:当一个疯狂的司机在路上横冲直撞杀害无辜者时,基督教徒的责任并不是为牺牲者祈祷,而是要想尽一切办法阻止这个司机。

基督教最重视的伦理就是爱。有的人为了实现爱,会无条件遵守《圣经》十诫;有的人为了实现爱,有时候会不顾《圣经》十诫。在我看来,朋霍费尔和孔子属于后者。孔子曾这样说过。

> 君子之于天下也,无适也,无莫也,义之与比。
>
> ——《论语》

所谓义,指的是把某一价值观坚持到底。为了实现义而去设定某些特定的责任和规则,导致自己受到局限是不可取的。因为义并不是盲目地遵守某些规则就能够实现的。制订规则并遵守规则,这样周而复始的世界并不是实现义的世界,而是理想化的世界。

制订规则的那一刻就是使它变得呆板僵化的时候,而此时世界却在不断地变化。用死板的东西怎么能适应变化的世界呢?想要适应变化的东西,自身也要学会不断地变化。我们面对问题的时候要学会审时度势,这就是所谓的"适时"。

"适时"地实践

无论规则多么伟大,只会一味地遵守规则的人的思维永远是停滞不前的。因为他们永远不会思考。相反,相信一种价值观并且能够结合实际情况,实事求是地去实践这种价值观的人永远是清醒的。他们能够准确判断自己所处的情况,找寻解决的方法。这难道不就是"学而时习之"的含义所在吗?

不要止于学习,也不要不经思考和审视就去实践所学的东西。要做到仔细思考,用批判的思维去检验。同时还应做到实事求是,面对问题要懂得随机应变,选择合适的解决方法。只有做到这些的人,才能"学而时习之,不亦说乎"!

> 子贡问曰:"贫而无谄,富而无骄,何如?"子曰:"可也。未若贫而乐道,富而好礼者也。"

这也是出自《论语》的一句话。贫穷和富有的判断依据并不一定是财产的多与少,也可能是权力和能力的有无,或者是能否得到他人的肯定。贫穷和富有的大或小、多或少都是相对的概念。我们可以随便定义一个标准,没达到它就是贫穷,超过它则是富有。因此世上所有的人都是贫穷或者富有的二者之一。

弟子子贡问孔子,假设一个人能做到虽贫穷但不谄媚,虽富有但不骄傲,这样的人为人态度是怎样的呢？能在富人面前不卑不亢，在权势面前不谄媚，在能者面前不自卑，这绝不是一件容易的事情。一般来说，我们都会感到压力和自卑。意识到自卑的时候会让自己显得更加落魄，甚至会讨厌自己。如果一个人能够克服这种情绪的话，我们当然要对他表示尊敬。对于富有而不骄傲的人也是如此。

孔子对此还有更深层次的看法。当然，能够做到这种程度的人已经很厉害了。但是孔子认为这样的人还不如贫穷却仍乐于学道、乐于行道，富有但仍崇尚遵行礼仪的人。只是他没有评价哪种人更好。

肯定式说话方式的意义

我们要留意一下孔子在对话里的说话方式中所蕴含的哲学。子贡的说话方式是否定式的，他所说的人都是不做某些事情的人，比如不卑躬屈膝，不骄傲自满。而孔子的说话方式则是肯定式的，比如懂享受，明事理。

这里同样体现了孔子哲学的积极性和生动性。许多人都对孔子抱有偏见,误以为孔子是一个很古板的人,只会告诉别人"这样做不行""那样做不行",但是其实孔子绝不是那样一个人。孔子并不喜欢生活中规定和遵守许多"不能做"的道德禁忌。孔子并不排斥道德禁忌,但是他最终还是向往生活中能有更多的生动性和能动性。"非不幸的生活"和"幸福的生活","憎恨邪恶"和"崇尚善良"它们之间的表述有着天壤之别。

提前制订规则并去遵守它,这样的生活会不会很枯燥?孔子向往的是追求自身价值和梦想的生活。所以他告诉我们要认清自己所处的环境,不要一味地遵守规则、虚度光阴,而是要享受生活,热爱理想,并去努力实现它。

知讷：直面伤口

知讷，号牧牛子，朝鲜高丽时代的一名僧人，同时也是一名哲学家。他七岁的时候出家，二十四岁的时候僧人科举及第，推崇以禅宗为中心的传教一元论。后来开展了定慧结社运动，推动佛教改革，以求复兴佛教。他也获封过国师[①]，被尊崇为奠定朝鲜禅佛教理论基础的高僧。

> 恭闻，人因地而倒者，因地而起，离地求起，无有是处也，迷一心而起无边烦恼者，众生也，悟一心而起无边妙用者，诸佛也。迷悟虽殊，而要由一心，则离心求佛者，亦无有是处也。

---

① 新罗末期到朝鲜初期之间，授予高僧的最高称号。——译者注

《劝修定慧结社文》从某种程度上来看，可以算是一篇宣言。知讷和十位志气相投的僧人一起远离世俗的名与利，决定专注于禅和智慧，因此他才写下了这篇文章。

摔倒在地的人，撑着地就可以站起来。如果摔倒在地上不愿借助地面的力量站起来，那么这样的人永远都无法站起来。就算是因为地而感到气馁，也能够从地上重新站起来。"讨厌什么就不去做什么"这句话是错误的。正是因为逃避问题，所以才没有办法解决问题。虽然厌恶这世间的不公平和不平等，但什么都不做，只是盼望着"彼岸"的生活，这样世界是不会发生改变的。假设历史上人们每次看到不合理的事情时，都选择默默忍受，盼望着死后去到天堂，苟且度日的话，那我们现在可能还生活在封建时代也未可知。有无数因为世间的压迫、阶级、不平等、不自由、不合理等因素而跌倒的人，他们为了再次站起来不断斗争，正是因为如此，人类的历史才会发生改变。

当然，不是非得从宏观的角度去看待这个问题。每个人的生活其实也是如此，都有失败的经历、疼痛难忍的伤疤，这些东西都会伴随我们的一生。疼痛的记忆并不只存在于过去，它会跟随我们来到现在，继续折磨我们。我们无法把这些都忘记，总有一天要直面伤口。

记忆不会一直保持清晰完整，它肯定会被我们歪曲。关于伤口的记忆更是如此。被歪曲的记忆会使得现在的我变得更加不安，甚至会被罪恶感和愤怒吞噬。因此想要解决这个问题，我们必须要回到过去，直面问题。同时我们还要真心地去理解当时的自己，并和他进行交流。如果能够做到这一步的话，过去的伤口就会慢慢愈合。这就是我们所说的"因地而倒者，因地而起"。

一切都从内心开始

知讷特别喜欢谈论关于内心的话题。众生和佛祖只有一线之差，内心处在悟的状态的人就是佛祖，内心处在迷的状态的人就是众生。在佛教中，佛祖并不是一出生就是佛祖。众生都具有成为佛的可能，也就是大家本来都有佛性。但是就像用铺满灰尘的镜子无法看清自己原来的样子一般,内心浑浊也会导致佛性无法显现出来。众生或是不知道自己处于这种状态,或是知道却不去努力擦拭灰尘,任由灰尘积攒。而佛祖则会有所觉悟并去进行修行。

处于迷茫之中的众生,因无数的烦恼而痛苦不堪,不断蚕食自身的野心变得越发不可控制。它就像是海水一样,只会越喝越渴,最终导致自生自灭。与此不同,佛祖会领悟佛性,以此获得真理的力量。真理的力量并不是像超能力一样的东西,它是不断追求和实现真理的洞察力与行动力。一个人如果不能修身,何以平天下?如果想要传播真理,自己首先要成为真理的实践者。如果向往一个没有差别化的社会,自己首先要做到不去差别对待。如果向往一个公平公正的社会,自己首先要做到公平公正。

这一切都是要从自己的内心做起。因此,出离内心的人是无法成为佛祖的。

再三恳至。予虽久居林壑,自守愚鲁而

> 无所用心也，然追忆前约，亦感其恳诚，取
> 是年春阳之节，与同行舡禅者，移栖是寺。
> 招集昔时同愿者，或亡或病，或求名利而未
> 会，且与残僧三四辈，始启法席，用酬曩愿
> 耳。伏望，禅教儒道，厌世高人，脱略尘寰，
> 高游物外，而专精内行之道，符于此意，则
> 虽无往日结契之因，许题名字于社文之后。
> 虽未一会而蕴习，常以摄念观照为务，而同
> 修正因，则如经所谓："狂心歇处，即时菩
> 提，性净妙明，匪从人得。"文殊偈云："一
> 念净心是道场，胜造河沙七宝塔，宝塔毕竟
> 碎为尘，一念净心成正觉。"故知少时摄念无
> 漏之因，虽三灾弥纶，而行业湛然者也，非
> 特修心之士，成其益也。

这是《劝修定慧结社文》的结尾。即使宗派、宗教和理念不同也无妨，即使是没有一起学习和修行的缘分的陌生人也没有关系，只要都认可结社文，那彼此就是同志和同伴，就可以一起联名签署结社文。如果看到世界的不合理，并去思考导致不合理的原因，然后为了改变世界的不合理首先鼓起勇气改变自己的

话，那么就可以成为知讷的同伴。

如果我们现在能够正确地去思考，拥有一颗纯净的心灵，那么就会拥有很强大的力量。与其为神和先知修建高塔、准备供品、进行祭祀，不如反省自身，使自己的内心变得洁净。因为终有一日塔会倒下，但是洁净的心灵绝不会消失。即使不是特定的修行者也没有关系，我们都可以修炼内心获取真理的力量，然后用这样的力量让世界变得更加美好。

康德：活下去也是一种"义务"

德国近代哲学家康德，出生于一个崇尚基督教虔诚主义的家庭，他们十分重视内心道德的纯洁。他在故乡的母校担任大学教授，写下了《纯粹理性批判》《实践理性批判》等书籍，全身心投入研究当中。康德被称为一个"继往开来"的哲学家。康德哲学好像一个蓄水池，康德以前的哲学皆流向康德，而康德以后的哲学又是从康德这里流出的。从上述的评价中可以看出康德对西方哲学史产生的重大影响。

> 保存生命是自己的责任，每个人对此也有一种直接的爱好。正是这个缘故，大多数人对此抱有的焦虑，是没有内在价值的，他们的准则并没有道德内容。保存自己的生命合乎责任，但他们这样做并非出于责任。反过来，假若身处逆境和无以排解的忧伤使生

> 命完全失去乐趣，在这种情况下，那身遭此不幸的人，以钢铁般的意志去和命运抗争，而不失去信心或屈服。他们想要去死，虽然不爱生命却仍然保持着生命，不是出于爱好和恐惧，而是出于责任。这样，他们的准则就具有道德内容了。

这段文字出自康德的《道德形而上学原理》(上海人民出版社)。康德的伦理学其实就是动机论。他分辨善恶的标准不是行动的结果，而是动机。康德认为，一时冲动或者出于别的意图所做的事情，就算结果是好的，也无法被看作一件善事。因为如果情况相反，那么判断善恶的标准就充满了偶然性。如果是同样的行为，根据不同时间的条件和环境，可能是善事，也可能是恶事，那么善与恶的区别就会变得越来越模糊，人类也无法被看作伦理的主体了。之所以这么说，是因为如果行为的结果决定了善恶，而结果是根据情况而定的，那么伦理的主体就不是行为的主体人类，而是彼时彼刻的情况。

准确来说，康德的伦理学其实是义务论。康德关注的不是行动的结果,而是行动的动机。然而善意的动机并不是百分百能带来好的结果。换句话说,我们所想的"善意的动机"和康德定义的"善意的动机"在含义上是不一样的。康德认为只有不是出于义务的动机才具有善的价值,因为由同情心、母爱、父爱、兄弟情、孝心、恻隐之心等感情和倾向而产生的动机并不具备善的价值。

出于同情心帮助贫穷的人、出于孝心赡养父母、出于恻隐之心投身于社会服务之中,在康德看来,这些都不具备善的价值。当然,他并没有否定这些行为,只是认为这些不具有善的价值罢了。

感情和倾向无法被看作善的,因为其中没有人类善的意志。人一出生就具有食欲,人受食欲驱使去吃东西是再正常不过的事情,没有人会争论吃饭这件事是善事或者恶事,因为这件事本身没有善恶之分。同样地,善良的心地、恻隐之心、孝心、食欲等是我们一出生就具有的,和自己的意志无关,所以无法成为判断善的根据。因为肚子饿去吃饭,因为同情别人的遭遇去帮助别人,都是这个道理。

"该做的事情"

我们可以这样来反驳康德的观点：并非是怀有怜悯心就会帮助他人。社会上不是有特别容易同情别人和喜欢投身于公益事业的人吗？康德估计会这样回答：每个人的怜悯之心是不同的，世界上肯定有容易怜悯他人、喜欢帮助他人的人。这和每个人的食欲不一样是一个道理，食欲强的人多吃点，容易同情他人的人出于本性，会更多地去帮助别人，仅此而已。如果说善恶是由天性决定的话，那么必然会产生一种不公平的现象——有的人多做善事，有的人难做善事。不公平并不是善的表现。所谓善，一定是大家都可以公平地去实现的东西。

康德认为，只有从义务出发的动机才能被看作善。真正的善是认为自己有义务去帮助他人消除痛苦，而不是出于同情心去帮助别人。就像我们经常听到医务人员说："我们只是做了我们该做的事情。"

"该做的事情"就是准则。一旦被划定为准则，那么无论何时、无论对谁都是普遍适用的，比如"不要杀人""不要把人当作工具",等等。"因为是善意的谎言,所以没关系"这样的话也是无法成为准则的。不只是一两个人,而是所有人都用善意当作借口来说谎的话,那么真相和信赖将不复存在。

倍感痛苦却仍然顽强地活着,这就是人的伟大之处

康德认为无论是谁都有捍卫自己生命的义务,这是我们天生的本能。虽然大多数人为了维持生命而活着,但是这个并不具备善的价值。因为这并不是出于"我要珍惜生命"这种责任感,不过是一种想要活着的本能。

因此从辩证的角度来说,失去生活的希望,再加上失去活下去的本能,落魄的人们就具备实现善的可能性。幸福的人要幸福地活着是一件很简单的事情。但是生活艰苦却还咬牙坚持下去和命运抗争的人们,虽然痛苦到想要结束生命,却还是为了战胜命运而坚强活下去的人们,他们就是康德所认为的能够实践善的伟大存在。

不懂得生活的痛苦，只是一味地享受快乐的人生是没有任何价值的。越险峻的山峰，景色越美。直面生活中的困苦并且战胜它们的人生，才是美丽和伟大的。康德一生都在与呼吸困难和能引起心绞痛的疑难病症做斗争，曾经一度想要放弃生命。但是他靠着守护自己生命的责任感坚持了下来。康德后来坦露心声道："下定决心坚持下去之后，身体上的痛苦反而消失了。"

> 世界上只有两样东西值得追求，头顶上的星空和人们内心的道德法则。
> ——《实践理性批判》

星星之所以会那么闪耀，是因为夜晚的黑暗。夜越黑，星星越亮。同样地，人们内心的道德法则之所以伟大，是因为生命的旅程充满了艰难险阻。生命的旅程越艰险，人们内心的道德法则越发闪耀。

丁若镛：苦中有乐

丁若镛是朝鲜王朝时期的儒学家、哲学家，号茶山。丁若镛曾经积极参与朝鲜王朝正祖推行的改革，在正祖死后，受到天主教事件的牵连，在"辛酉迫害"中和兄长们一起惨遭流配。关于他是否是一个天主教徒，至今还是众说纷纭，没有一个定论。在被流放期间，他写下了许多作品。与朱熹不同，他从其他角度去解释儒学。

> 乐生于苦。苦者乐之根也。苦生于乐。乐者苦之种也。苦乐相生。如动静阴阳。互为其根。达者知其然。察倚伏算乘除。使吾心之所以应于境者。恒与众情相反然。故二者得分其趣而杀其势。若耿寿昌常平之法。
> ——《与犹堂全书》

丁若镛认为苦与乐是相生的关系。苦的尽头是乐，乐的尽头是苦。有一个相爱的人本身其实就是一种乐。但是如果不能和自己相爱的人见面，就会很痛苦。如果本来就没有相爱的人或是想见的人，那么也就不会感受到这种痛苦。另一方面，经常与爱人见面的话，热情也会慢慢退却。因为人一直处于快乐之中，就会慢慢忘记那种快乐。相反，如果因长时间无法相见而感到痛苦，再次相见的时候就会万分欣喜。这就是苦乐相生的道理。

这种情况的出现是因为苦与乐、幸福和不幸本质上是相对的。我们很难想象现代人的生活中没有智能手机会是什么样的情景。如果智能手机在生活中消失，那么我们很可能会因此感到不幸。如果苦与乐存在一种绝对的判断标准，那么在手机被发明出来之前，所有的人类都是不幸的。当然，事实并非如此。没有手机的话，一开始我们可能会觉得有点不习惯，但是最终会慢慢适应的。因此我们说苦与乐、幸运和不幸，其判断标准是相对的。

这个结论是丁若镛从阴阳和动静的关系当中推导

出来的。我们经常说丁若镛是一位实学家,但是这多少有失偏颇。他本质上其实是一位崇尚孔孟学派的儒学家。他虽然批判朱熹的学说过于接近佛教和道家思想,但是并没有否定四端七情和理等性理学的内容。他只是和朱熹不同,从另外一个角度去解读性理学。

苦中有乐,乐中有苦

丁若镛十分精通《周易》。《周易》被认为是韩国的国旗太极旗中的太极和乾坤坎离四卦的出处,它的英文翻译是 *The Book of Changes*。简单来说,《周易》是一本关于变化的书。在东亚的世界观里面,没有固定不变的绝对存在。《周易》是利用阴与阳的关系来解释世界上的变化。阴阳是相互依存的关系,没有阴就没有阳,没有阳就没有阴。所谓动中静和静中动其实指的就是世界是出于动静变化当中的。动中有静,静中有动。

熟知这种《周易》世界观的人,懂得苦与乐、幸运与不幸本质上是一种相对的关系,因此和普通人不同，他们面对痛苦和快乐的心态会不一样。普通人遇到痛苦的事情就会很难受，仿佛这样的痛苦会一直持续下去。但是谙熟变化之道的人在这种时候则会明白痛苦总会消失，在这之后快乐就会来临。正因为明白这个道理，所以也不会因此感到十分难过，反而会期待即将来临的快乐。

一般人遇到开心的事会非常地快乐，他们沉醉在快乐当中，彻底忘记了痛苦的事情也会出现。在这样毫无防备的状态下遇到痛苦的事情，打击会非常大。这就是我们常说的飞得越高，摔得越重。相反，谙熟变化之道的人开心的时候也明白这样的快乐并不是永久的。因此，当痛苦来临的时候，已经做好了迎接的准备，并不会太难受。就像是懂得开车的老司机不会晕车一样，谙熟变化之道的人在生活中也不会乐极生悲。

> 高句丽……徙都平壤，百济……转徙扶余。鸭绿之北。风气早寒。地与蒙古接。其人皆雄勍鸷悍。又强胡杂处。四面受敌。故其备御深固。此所以能长久也。

> 外患不及。故兵力弛弱而易亡。或曰其
> 俗骄诈。不睦邻国。故易亡。
>
> ——《与犹堂全书》

根据丁若镛的分析,高句丽迁都到平壤,百济迁都到扶余,两者都是因为迁都导致最后的灭亡。高句丽强大的敌人是北方的国家,而对于百济而言,最大的威胁就是高句丽。高句丽和百济都是为了远离自己的敌国,到一个更加安全的地方,才迁移都城,但是这反而导致了国家的灭亡。这是没有了外患,整个国家沉浸在安逸享乐的氛围当中,不思进取所导致的灭亡。置之死地而后生这句话告诉我们相似的道理,人只有在危险的时候才会打起精神来。更加严谨地说,并不是处于危险的情况下才打起精神,而是在正确认识到危险的时候才会打起精神。因此准确来说,高句丽的灭亡并不是因为迁都,而是忘记了眼前的危险所导致。

吊在腐烂绳上的人

上述例子并不只适用于国家或者某个集体,对于个人而言，也具有参考的价值。释迦牟尼之所以会先谈论"无常""苦""无我"，也是为了让人们首先要认识到人生的冷酷无情。按照释迦牟尼的说法，所谓的人生，其实就跟在地上蹦跳的大象，在地下不断蠕动的毒蛇，以及吊在一根腐烂的绳子上，却还只贪图那一滴即将滴落的蜂蜜却不知危险的人一样。虽然人生可能没有这么黑暗，但是我们可能就像那无法认清现实，只是贪图一滴蜂蜜的人一样活在这个世界上。

我们要反省一下是否因为某些短暂的快乐而忘记了真正重要的东西。就像突然来袭的敌国一样，离别和死亡也会突然闯入我们的生活。希望大家能够思考一下自己是否过于安逸，是否为了满足一时的欲望而丢掉了真正该做的事情。

子思：人生就是信念和欲望的斗争

子思，孔子的孙子，是中国春秋战国时期的哲学家，出生于鲁国，晚年时担任国君的老师，相传著有"四书五经"当中的《中庸》，奠定了儒学的哲学体系。

天命之谓性，率性之谓道，修道之谓教。

这是《中庸》的开篇第一句话，其中包括了东方哲学三个核心概念——性、道、教。子思用简单的几个字就对这三个概念下了定义。

性指的是人的本性。在朝鲜王朝影响深远的性理学就是一门探求本性的学问。在朝鲜哲学史上，具有代表性的争论包括理气争论（四端七情争论）和湖洛争论（人物性同异论，在18世纪朝鲜王朝性理学者之间关于人和事物的性质是否相同而发起的讨论）都是关于本性的。由此可见，本性这个词里包含了深刻的含义和无数的辩论。

在儒学里，人的本性被划分为两种：一种想追求欲望的；另一种是想追求信念的。所有人都具有这两者。如果一个人更倾向于追求欲望，那么他会更加看重个人和自己所属集团的利益和生死存亡。食欲、性欲、对于睡眠和权力的欲望等都是典型的例子。但问题是这样的欲望并不是人独有的，动物也具有同样的欲望。因此，这并不能看作能够定义人的标准。所以，只是为了追求欲望的人生和动物的生活并没有什么差别。

而追求信念的人则与此不同，他们即使要放弃欲望也会选择坚守自己的信仰。我们会记住很多坚守自己信仰的人，而不是那些追求欲望的人。从日本殖民统治朝鲜时期的抗日斗士到那些照顾家庭贫困、身患疾病之人的义士，这样的人世界上有很多。其实，也不必列举这些高尚的例子。我们每个人都在追求自己的正义和信念的路上，人与人之间的差别不过是信仰的大与小和实践与否罢了。

儒学思想并没有提倡让人们在这两者之间二选一，没有强求人们必须要放弃追求欲望，一心去实现个人信念。因为一味追求欲望的心灵过于危险，一味追求信念的心灵又过于弱小。欲望是没有尽头的，它无法被满足，只会越变越大。只是追求欲望的人生的主人不是自己，而是变成了欲望。就像一辆没有驾照的人开的车，非常危险。

相较于欲望，追求信念的心灵可能显得微不足道，光靠自身的力量很难实现自己的诉求。就像是没有身体，信念和价值都无法实现。唯有依靠身体的坚持，才能够实现自身追求的理想和信念。人生就是这两者不断斗争与和解的过程。儒学告诉人们需要去合理地运用这二者。

追求本性

子思认为本性是上天赋予我们人类的东西，可以看作上天的旨意。在儒学里面，上天和人的距离是很远的，它是真理本身或者是赋予我们能够实践真理的能力的神秘存在。因此在儒学当中,祭祀或者祈祷并不是崇拜上天的主要方式。崇拜上天最好的方式其实是遵从他的命令,根据子思的说法,上天的命令就是我们人类天生的本性。

所以子思认为"道"其实就是追求人的本性。子思生活在战国时期,这是一个百家争鸣的时代,出现了许多有名的思想家和各种学派。以孔子和子思为代表的儒家学派就是其中的一座高峰,另外还有法家、墨家、道家等。

无论在哪一个学派里,东方哲学里的"道"都是一个很深奥的概念。老子认为"道"是一个根本无法用语言来形容的东西;孔子为求道而疯狂,他认为如果能够求得"道",那么就死而无憾了。

和前辈不同,子思果断地把"道"定义为"追求上天赋予人类的本性"。所谓的"道",就是协调和活用追求欲望与追求信念这两件事,以求在世间实现上天的旨意。这样的定义非常明确清晰。那些看不到摸不着,无法用概念来描述的关于"道"的辩论无异于形而上学。说得严重一点,那就是空口说白话。

为了解决"道"偏离现实、形而上学的问题,子思对"道"下了一个简单的定义。"道"就是追求本性。这里需要注意的是,子思说的不是"探求本性"而是"追求本性"。如果"道"是探求本性的话,那么为了完成这件事可能会浪费许多时间。因此子思坚信"道"是追求本性,即运用和实现本性。子思对形而上学的"道"下了定义并要求大家去实践它,现在我们要做的就是去实践"道"。

实践"道"就是教化。子思通过一个明确的定义成功地把"道"从形而上学的话语中拉回到现实世界,接下来要做的事情就是实践了。那么,该如何实践"道",即如何"追求本性"呢?从"实践"一词当中我们可以感受到"细心"和"虔诚"。实践"道"绝不只是遵循上天的旨意来行动,必须要成功实现才行。因此,必须要细心,要虔诚地去做这件事。这就是我们说的实践的方法论,子思为我们提供了"教化"这一条路。

实现"道"的方法是教化

前面我们说到在子思生活的那个时代，中国处于一个十分混乱的状态，各个诸侯国不断从宗主国分离出去，战乱不断。诸侯国制定了严厉的法律来管理百姓，不断提高自己的军事实力，梦想着不断开疆拓土成为一个强大的国家。子思认为正是因为如此才无法拯救这混乱的世界。统治阶层越是强化法律和惩罚措施，百姓越是恐惧害怕。一个国家不断强化军事实力，邻国也会跟着这样做，统治阶层之间掰手腕，最终受苦的只是百姓。因此，子思提出应该用教育和感化去治民而不是法律，应该用对话而不是武力去解决问题。

总结一下的话，人的本性是上天赋予的，是一种旨意。而"道"就是追求本性，实践上天的旨意。实现"道"的方法就是教化。这简短的几句话包含了子思的人类论和对于当代哲学和社会的思考。

韩何云：看看那些历经磨难的面孔

韩何云是一名诗人，原名韩泰永，出生于朝鲜咸镜道地区的名门望族，是一名毕业于北京大学的尖子生。但是后来因为感染了麻风病，被赶出了故乡，为了治病花光了所有的财产。后来他到了韩国，很长一段时间都过着十分艰辛的生活。他一生都致力于写诗和提高麻风病患者的人权和福利。

过去的事情也很美好
现在癞了的生活也很美好
即将到来的腐烂也很美好

一切
都如花一样美丽
都如花一样悲惨

这不是活了一辈子才有的希望

这是梦想

这是韩何云写的诗《生命之歌》。韩何云一生过得十分坎坷和艰辛,因为患上了麻风病,被家人和朋友排斥,无可奈何只能离家出走来到朝鲜半岛的南边。然而情况依然没有好转,他仍然作为一个局外人活着,生活非常痛苦。为了摆脱这样的生活,他有时候会否定自己,绝望的时候也会更加逼迫自己。

在一个人身上只贴上一个标签,是一件非常简单粗暴的行为。韩何云——他是一个姓韩的人,他出生于朝鲜,他是一名兽医,他是谁谁谁的儿子,他是谁谁谁的朋友,他是谁谁谁的恋人,他也有自己喜欢的食物,他也有自己的兴趣爱好……一个人明明有这么多特征,人们却只把他看作一个麻风病病人。无论他做什么,都无法摆脱这样的偏见。甚至有的人会称他为"麻风病诗人"。

到了后来,就连韩何云自己也慢慢地开始自嘲是个"癞子"。特别是在他早期的诗作当中,我们可以感受到他作为一个"癞子"的痛苦。

为了摆脱这种痛苦，有一段时间他甚至选择相信宗教。他想依靠神来克服这种痛苦。在宗教的世界观里，世界本来是虚无的，那么自身的痛苦当然也可以被看成是虚无的。通过这种方式到底能不能到达他的目的地我们不好判断，可是这样一来，一个人就无法追求幸福、美好、快乐了。因为它们都和痛苦一样，是虚无的东西。

历经痛苦之后

韩何云就是在克服痛苦之后才写下了这首《生命之歌》。这首诗可以说是韩何云的生活写照。诗人在历经无数的坎坷和苦难之后，喊出"癞子的生活也很美好"的内心独白，相信这能够引起很多人的共鸣。从这句话当中还能感受到宗教的崇高。

接下来，让我们一联一联来细细鉴赏这首诗。

> 过去的事情也很美好
> 现在癞子的生活也很美好

> 即将到来的腐烂也很美好

第一行歌颂了过去生活的美好,在他另外一首诗《生活》中也出现了类似的句子。

> 过去的事情
> 都很美好
>
> 如今和将来剩下的只有
> 侮辱,煎熬,癞子

但是这首诗中所描绘的生活和《生命之歌》中的有很大的反差。诗人在《生活》当中回顾了从前没有成为"癞子"的生活,同时回忆起了当时那种生活的美好。而成为"癞子"之后的生活剩下的只有侮辱性的煎熬。他对过去美好生活的告白更加凸显了如今生活的悲苦程度。

与之相反,诗人在《生命之歌》中说无论是过去的事情还是现在"癞子"的生活,甚至是将至的腐烂也都是美好的。在经历了无数的痛苦之后,诗人韩何云发出了这番告白,这让我想起了《十牛图》最后的一个场景。《十牛图》描绘的是寻觅本性的过程,其中廓庵思远所描绘的最后一个阶段正是"抹土涂灰笑满腮"的境界。诗人达到了这样的境界,能够笑对各种痛苦。

> 这一切
> 都如花一样美丽
> 都如花一样悲惨

在颔联里,诗人在美好的基础上进一步提出了悲惨。所有的事物都像花一样既美丽也很悲惨,因为它总有一天会凋谢。诗人在首联中谈到了美好,却在颔联中提出了悲惨。首联中谈到过去、现在、未来的美好,颔联中提出"所有的事物既是美好的也是悲惨的"的观点。

那么究竟为什么会这样呢?首联中诗人的观点明明是很崇高的。但是我们要明白一点:一直以来承受的痛苦是无法抹去的。另外,如果想到还有其他像自己一样因为是麻风病的患者或者因为是另类而备受煎熬的人，就应该很难说出"世界上只有美好"这样的话。这就是现实，是一个人很难做到的事情。诗人韩何云就像是从淤泥中绽放的莲花，在无数的痛苦当中发现了真实存在的美好。

虽然发现了生活的美好，但仍然不能对问题熟视无睹。我们要看到世界既有美好的一面，也有悲惨的一面。虽然认为世界是很美好的人在精神层面上达到了一个很高的境界，但是这却会让他们忘记世界是在一直变化和发展的。我们要看到世界美好的一面，同时也不能够丢失问题意识，也就是这里说的"悲惨"。

> 这不是活了一辈子才有的希望
> 这是梦想

诗人在诗中反复提到这样的领悟：世界虽然是一个像梦一样的地方，但是也存在着希望。如果说梦是"无"层面上的东西，那么希望就是"有"层面上的东西。一般我们在做梦的时候无法意识到自身正处在梦中。所以，在梦里我们经历危险的话会像真的一样感到害怕，如果遇到好的事情就会像真的一样开心。这都是因为我们不知道这是梦所导致的。

真的从梦中醒来的时候,会因为危险不是真实的而感到庆幸,也会因为开心不是真实的而感到可惜,还会觉得做梦很有意思。我们并不会在认识到梦的存在之后就把梦忘得一十二净。就算不是真实的,梦也算得上是一种别样的体验。

韩何云可能会这样说:"因为出生于一个富裕的家庭,年轻的时候还能去日本和中国留学,很多人都羡慕我这样的生活。但是,自从得了麻风病之后,我便被家人和朋友抛弃了。我每天都要承受着难以用言语形容的身体上的痛苦和精神上的压力,艰难度日。然而活到今天,我发现这个世界和梦其实并没有差别。在明白世界即梦境之后,生活中开心的事情、难过的事情、美好的事情、腐朽的事情……不都是有其意义和希望吗?不要因为处于梦境,就过分执着。不过分执着,这样反而才能看到希望,不是吗?"

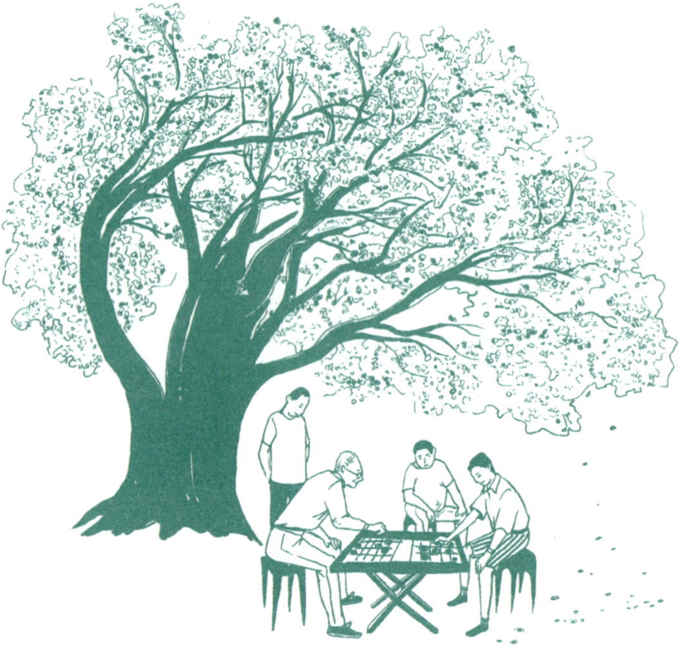

第六章 如何与他人相处

- 马可·奥勒留:内心拥有力量
- 保罗·田立克:孤独且热爱
- 崔时亨:人即是人
- 李滉:没有两粒一模一样的沙子
- 庄子:看到问题的本质
- 李舜臣:父母之心

马可·奥勒留：内心拥有力量

马可·奥勒留是罗马帝国最伟大的皇帝之一，也是斯多葛学派的哲学家。他虽然大部分时间都在征战沙场，但是只要一有空就会学习和思考。他被后世称颂为"铁人皇帝"。他十分重视在生活中遵循常理和理性的思考，著有《沉思录》一书。

> 要像一块岬角的岩石，任凭那海浪不断地冲击，但是本身屹立不动。"啊！我的运气不好，竟遭遇这样的事！"不，应该这样说："我好幸运，虽然遭遇这样的事情，我并未受伤，既未被现状粉碎，对将来亦无恐惧。"面对同样的遭遇，虽然很多人能够再次站起来，但是并不是每个人都能做到泰然处之。
>
> ——《沉思录》

奥勒留希望大家像那岬角的岩石一样活着,任凭那海浪不断地冲击,但是本身屹立不动。任何人在生活当中都会遇到不走运的事情。但是我们不要每次遇到不好的事情时都哀叹"我为什么那么不走运",而是要通过这样的事情不断磨炼自己的内心,让自己变得更加强大。所以我们可以这样去想:"我真是一个幸运儿。每个人都会遇到不走运的事情,但是对我而言,这样的不走运无法带来不幸。"

强大心灵的力量

解决困扰我们的外部因素最好的方法就是排除这种因素。但是这并不像说的那么简单。如果是很简单就解决的问题,一开始也不会让我们如此困扰。在解决问题之前,我们的内心会一直受到困扰,这该如何是好呢?因此我们不仅要改变外部条件,还要注意不能疏忽对内心的关注。只有内心变得足够坚强,才能拥有改变外部环境的力量。

在新的一天开始,刚刚起床的时候,就

要对自己说:"我的余生当中,将遇到好管闲事的人、忘恩负义的人、傲慢的人、欺诈的人、嫉妒的人和孤僻的人。这些人之所以有这些坏的习性,是因为他们不知道什么是善,什么是恶。但是,我知道善的性质是美,恶的性质是丑;知道做了错事的人们的本性与我相似,我们不仅具有同样的血液和皮肤,而且是分享同样的理性和神性的人。"

——《沉思录》

奥勒留虽然贵为罗马皇帝,但是好像过得并不幸福。实际上,他在位期间一直饱受外国侵略和叛乱之苦。所以他每天早上起床之后都会对自己说一番话:"今天我也会遇到让人感到疲惫的人,好管闲事的人,忘恩负义的人,喜欢自吹自擂、十分傲慢的人,想要欺骗我、利用我的骗子,喜欢嫉妒和幸灾乐祸的人和冷血无情的人。"

但是他认为不能浪费时间去讨厌这些人,以牙还牙的做法并不明智。因为他们而感到困扰和难过的话,才正中他们的下怀。所以奥勒留选择把他们看成可怜的人。他们之所以会这么做只是因为还不懂事，他们不是天生就是坏人和恶魔。就像小孩子犯错的时候，大人不会严厉地惩罚他们，因为知道他们还不懂事才会这样。如果一个小孩子捏我的手臂，我是一个大人，反过来也去捏孩子的手臂的话，我会感到羞愧。

我们可以把他们想象为患有老年痴呆的家人。因为患有老年痴呆，所以可能会做出让人困扰的事情。但是我们都知道这并不是他们原本的样子。就像我们不会去和患有老年痴呆的人计较一样，奥勒留同样清楚这些人和自己一样都是原本具有理性和神性的人，所以不去讨厌他们，而是选择去拥抱、接纳他们。

无法撼动的信念和宽容

读过《圣经》的人都会记得耶稣被绑在十字架上时说过的话。"父啊！赦免他们，因为他们所做的，他们不晓得。"奥勒留和耶稣都知道他人都是因为无知才犯的错。所以才不会讨厌他们，而是宽容他们。

我认为奥勒留和耶稣这样的人都是非常相信自己的人。弱者做不到"宽容",因为他们一开始就没有选择的余地。所以弱者唯一能够宽容的人就是自己。只有强者才有宽容他人的资本。奥勒留和耶稣能够宽容他人也是因为他们本身都是强者。他们都是内心的强者,都拥有坚定的信念和广阔的胸怀。

在碗里滴入几滴黑色的墨水,整个碗的水立刻就会变成黑色。但是就算把整瓶墨水都倒入大海里,大海也不会发生变化。耶稣和奥勒留都是像大海一般的人。他们因为坚信自己的道路和信念是正确的,才能够做到理解和宽容他人。坚信自己是正确的想法并不一定是固执己见和独善其身。如果像耶稣和奥勒留那样提升自己的思想境界,那么就会变成伟大的宽容。

保罗·田立克：孤独且热爱

保罗·田立克是德国神学家、现代哲学家，第一次世界大战期间，作为牧师在军中服役。在担任一段时间的大学教授之后，他因为帮助犹太人而被纳粹政权放逐出境，后来流亡到美国。他一边在哈佛等大学里教授神学，一边四处云游。他曾经尝试把存在主义等哲学与神学结合起来进行研究，被后世评为二十世纪最优秀的神学家。

> 人类的伟大之处在于能够反省自身。人类能够站在所处的世界之外来观察它。正是因为如此，人类才能够了解世界，热爱世界，改变世界。上帝在把人类塑造成为世界统治者的过程中，首先把人类从世界中分离出来，使其处于一个孤独的状态之中。因此，人类

> 才能够和上帝或者其他人类进行沟通。人类具有决定自己幸福的自由，只有拥有坚不可摧的强大内心的人才是自由的，只有孤独的人才能说自己是一个人。这是一件伟大的事情，也是人类肩膀上沉重的包袱。
>
> ——《永恒的现在》

孤单可以分为两种情况，一种是寂寞，一种是孤独。在韩语当中并没有明确区分这两者的区别，但是在西方世界中，寂寞指的是因为独自一人而感到凄凉，孤独则指的是独自一人时感受到的宁静和安心。田立克把关注点放在了孤独上。无论什么时候，人都是孤独的。即使有陪伴的人，也无法改变自己孤独的命运。为什么这么说呢？就像"就算她就在身边，我也会想念她"这句话表述的一样，即使和亲密之人在一起，我们也无法摆脱孤独的命运。因为我们彼此之间很难做到感情和想法同步，我是"我"，你还是"你"，我们都是不一样的个体。人就是这样，从出生到死亡都是一个人来，又一个人走。

并不只有人才是孤独的，所有的生命都是孤独的。

相较之下,孤独更加适合形容人,这是因为人能够认识到孤独并且思考孤独。这也是人类能够探索和思考自身的原因。如果一个人不了解自己,那是一件多么可悲的事情。人类在孤独的时候可以认识到真正的自己,才能够观察世界,因此才能做到改变和热爱世界。而这正是神赋予人类的伟大之处。

面对孤独

孤独是人类的本质,有的人选择直面孤独,有的人选择逃避孤独。因为一些鸡毛蒜皮的事情浪费时间的人、只会依靠他人的人,就是逃避孤独的典型例子。这类人无法感受到孤独的伟大。

田立克认为只有耐得住孤独的人才耐得住寂寞。直面孤独,认真过好每一分每一秒的人;在孤独中直面自己的烦恼,提出问题,找寻答案的人;通过保持距离来创造属于自己东西的人,只有这样的人才能够战胜寂寞。在历史长河当中,伟人们都是笑对孤独的。可以说,所有伟大的诗歌、哲学、宗教和艺术都是从孤独中诞生的。

> 连爱也是源自孤独。因为只有孤独的人才能够理解那些同样孤独的人。只有永恒的存在才能够打破那堵把人和人隔绝开来的高墙。相较于几小时的畅谈,一个人独自待一小时更能拉近我们和所爱的人之间的距离。
> ——《永恒的现在》

人也是从孤独中诞生的。只有了解并深入思考孤独的人才能够理解别人的孤独。不懂得孤独的人说自己爱别人,这根本就是天方夜谭。不能理解他人的孤独,这样的爱并不是爱,它不过是一种贪念。他爱的并不是主体的"你",这不过是他对于"某个东西"的一种贪念。

爱情的起源

如果一开始人类不是孤独的话,那么世界上就不会存在爱情。人因为孤独才会想和别人相见,因为孤独才会理解和缓解别人的孤独。所以在爱着某个人的时候，相比于和相爱的人聊几小时，拥有更多独处的时间反而会让爱变得更加持久和深刻。

我们十分渴望爱情，但是又把爱情想得太理所当然。我们总是在想该怎么做那个人才会爱上自己，该怎么做才能够获得那个人的爱，但是殊不知首先要明白的是"如何才能爱那个人"。在被爱之前，难道不是要先学会如何去爱别人吗？大部分人都以为自己知道爱别人的方法，所以只是一味地想去找寻被爱的方法。这本身就是本末倒置了。不懂得去爱别人，这样的爱情是不健康的，是不长久的。

田立克希望大家能够从孤独中找寻相爱的方法。古往今来，孤独都是人的本质，无论是谁都无法逃脱孤独。人类只有处于孤独的状态，才能够达到真正意义上的相通。有空缺才能够填满，有距离才能够架起桥梁。

即使孤独也不会感到寂寞。在孤独的贫穷当中存在着一切富有的东西。大胆地去追求孤独吧!和永恒的存在面对面,寻找其他孤独的人,反省我们自身的问题。

——《永恒的现在》

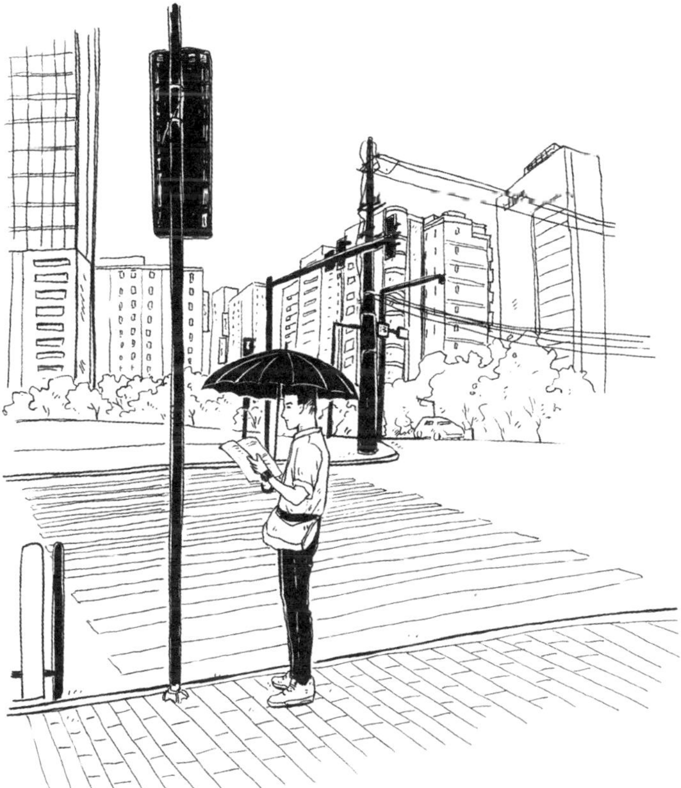

崔时亨：人即是人

崔时亨，朝鲜王朝时期的哲学家，号海月。他从小就是一个孤儿，生活过得很艰苦。遇到崔济愚[①]之后，来到东学进行学习，随后成为东学的第二任教主。1894年在参加东学农民抗争的时候被官兵逮捕，最终被杀害。

> 人是天，事人如天。
>
> ——《海月神师法说》

一讲到东学，人们首先想到的就是"人乃天"。"人乃天"的概念是东学第三任教主孙秉熙提出来的。在甲午年，当时东学创立，还没有人提出"人乃天"的概念。在那之前，崔时亨提出了"人是天"的概念，

---

① 崔济愚：天道教第一任教主，朝鲜王朝末期哲学家，东学创始人。——译者注

而崔济愚则提出了"侍天主"的概念,即东学一开始的信条。

崔济愚认为所有的生命都应该侍奉自己的上天。这句话包含了两个意思。第一,所有的生命都是有尊严和平等的。因为大家都是侍奉上天的人,所以无论是谁都不能随意对待他人。如果随意对待他人,那么就是在随意对待他人内心的上天。所以东学呼吁废除身份制度也是理所当然的。崔济愚虽然家道没落,没有什么实权,但是在做学问方面,他是十分出色的。他出生于韩国岭南地区[①]两班[②]家庭,家学师承退溪李滉。家里面本来有两个奴婢,后来他把卖身契给烧掉了,收养其中一个奴婢做女儿,娶了另一个做小妾。

第二,只有好好侍奉内心的上天才能成为一个做大事的人。无论是谁,心中都有一个上天,只有感知到上天并实现他的旨意,才能够成就伟大。即使是出身卑微的奴婢或者百姓,只要不断努力,也能够成为

---

① 岭南地区:韩国鸟岭以南的区域,包括庆尚南道、庆尚北道等地。——译者注
② 两班:古代高丽和朝鲜王朝时期的贵族阶级。——译者注

一个优秀的人才。

正是有了这样的哲学思想,在东学的规范里,无论你是两班还是奴婢,都要对人以礼相待。虽然在当时男尊女卑的旧思想依旧很顽固,但是也要求丈夫要对夫人行礼。不仅如此,他们还反对烈女制度,向国家请求允许寡妇再嫁。

向我设位

> 神师问曰:"奉祀之时,向壁设位可乎?向我设位可乎?"
> 孙秉熙答曰:"向我设位可也。"
> 神师曰:"然矣,自此以后,向我设位可也。然则奉祀之物,准备时,或有急遽拿食则,再备奉祀可乎。其然奉祀可乎?"
> 孙天民答曰:"其然奉祀可也。"
> ——《海月神师法说》

这是崔时亨与弟子孙秉熙、孙天民之间的对话，这两个弟子都是作为北接东学农民军领导人参加了东学农民抗争。其中孙秉熙后来还领导了著名的"三一运动"。

时至今日，我们在先人忌日或者祭祀的时候，依然要在墙上放置牌位，布置好祭桌。但是崔时亨认为祭祀的时候不应该向着墙，而是要向着我们自己。因为我们每个人都在侍奉这上天，所以也可以认为我们就是上天本身。因为我们不应该从外面去找寻神灵和祈福，应该认识到自身的尊严、尊重自己、热爱自己。虽然大家都在向神祈福，但是真正的福只能依靠我们自己去获得。懂得这个道理的人，才是最珍惜自己的人。懂得了这个道理之后，不是只有祭祀的时候才是神圣的，每天三餐的一分一秒都会成为神圣的时刻。

崔时亨也问了弟子们这样的问题。如果祖先的灵魂真的会在祭祀的时候来临，那么他们去那屏风后面什么都没有的墙壁那一侧，还是会去到子孙后代的身边？如果祖先真的在天有灵，那么他们绝不会希望子孙后代因为烦琐的祭祀反目成仇。或许他们会希望后代做一些自己喜欢的菜,好好吃上一顿。

另外,崔时亨还认为在祭祀之前吃了一些祭品也没有关系。按照固有习俗,在祖先享用祭品之前就吃掉祭品的话是一件大不敬的事情。所以如果发生这种情况,必须要重新准备一份祭品。然而崔时亨却认为没有这样做的必要,就用那些吃过的祭品来祭祀也没有关系。祭祀最终还是为了活人自己,所以人提前吃点祭品也不算什么问题。

我们可以看到,当时崔时亨的主张是非常具有革命性的。他主张不是向祖先或者上天行礼,而是要向自己行礼。这样的主张不仅在东亚祭祀文化中,甚至在世界上任何一个宗教里都是找不到的。

李滉:没有两粒一模一样的沙子

李滉是朝鲜王朝时期著名的文学家、哲学家,号退溪,曾任成均馆大司成、大提学等官职。他虽然继承了性理学(宋儒程朱派理学),但是同时也强调"理"的能动性,创立了属于朝鲜自己的性理学。他和奇大升之间关于四端七情的争论十分有名。

> 是用愧负愧负。示谕学者盗名欺世之论。此非独高明忧之。拙者亦忧之。然而欲诃抑者。亦非易事。何者。彼其设心。本欲欺世而盗名者。姑置不言。独念夫降衷秉彝。人同好善。天下英材其诚心愿学者何限。若以犯世患之故而一切诃止之。是违帝命锡类之意。绝天下向道之路。吾之得罪于天与圣门已甚。何暇忧人之欺且盗乎。如欲辨别而诃抑之。人之资禀。有万不同。其始学也。锐

者凌躐。钝者滞泥。慕古者似矫。志大者似狂。习未熟者如伪。踬复奋者如欺。有始恳而终忽者。有旋废而频复者。有病在表者。有病在里者。凡若此者。不胜枚举。其不能专心致志以期于有成者。固不能无罪。

——《退溪集》

这是李滉给曹植①的回信中的一部分。

我们首先要理解当时李滉和曹植通过书信来讨论的"四端七情争论"到底是什么。

在五十三岁的时候,李滉对《天命图》当中的一部分进行了修改。具体就是把"四端是从理中发源出来的"这句话改为了"理是四端的起源"。所谓的四端指的是仁、义、礼、智,它们构成了人类纯粹的内心。而理作为一个形而上学的概念,很难用简短的几句话来解释清楚,所以我想把它简单地看作"纯粹的本质"。

---

① 曹植(1501—1572):朝鲜王朝中期的文臣、性理学家,号南冥,一生未仕,专注于学问。——译者注。

《天命图》原作和退溪李滉修改过后的版本存在着微妙的差异。在把"从理中"改为"理是"之后,"理"更加具有主体性了。李滉想要通过这样的方式来发挥"理"的能动性。但是李滉想要通过赋予"理"主体能动性达到的目的是什么,这一点想要理解起来还是比较困难。不仅如此,这种做法还渐渐偏离了朱熹的理论。

听到这个消息之后,奇大升第一个站出来反驳李滉的主张。由此,韩国哲学史上最著名的争论——四端七情争论正式拉开了序幕。关于儒学的人性论与形而上学的核心概念——四端七情,以及理和气之间的关系,李滉和奇大升通过书信的方式,开始了长达八年的辩论。

有趣的是,当时李滉已经是身居成均馆大司成等多个职位的大学者,那是作为一个儒学家所能够到达的最高位置。而反观奇大升,他在当时不过是一个刚刚科举及第的初学者,比李滉小了足足二十六岁。如果放到现在的话,这就是最高学府的校长和刚入学的大学生之间展开的长达八年的一场辩论。

他们之间的辩论很快就吸引了世人的关注。时值朝鲜王朝,他们每一次交换书信的时候都会在全国范围内引起学者们的广泛讨论。这场讨论的影响之大,甚至在辩论结束、李滉去世之后,李珥和成浑①分别站在奇大升和李滉的立场上延续着这场争论。

无论是敢于质疑权威的奇大升,还是乐于回应后辈质疑的李滉,在当代学者的眼里,他们都十分了不起。李滉本来大可以从一开始就不理会奇大升的质疑,或者用自己的权势压制人,但是他并没有这么做。他公平地和奇大升进行辩论,后面还听取了奇大升的一些意见,完善了自己的理论。

对李滉颇有不满的曹植

但是也有人对李滉和奇大升之间的争论有意见,这个人正是曹植。曹植给同龄的李滉写了这样一封信。

---

① 成浑(1535—1598):朝鲜王朝中宗、宣祖年间的学者。字浩原,号牛溪。——译者注。

> 适得南冥曹楗仲书云。近见学者。手不知洒扫之节。而口谈天理。计欲盗名。而用以欺人。反为人所中伤。而害及他人。岂非先生长老无有以诃止之故耶。

在曹植看来，争论四端、七情、理、气这些东西是没有什么用的。虽然这些东西看起来很高大上，但是对于解决生活中的实际问题并没有什么帮助。如当时国政混乱，百姓生活困苦，在这种情况下讨论这些东西没什么帮助。曹植批判道，作为一个大学者和长辈，对于年轻的后辈们那些意气用事说的话，应该严厉地批判才是，为什么还和他们一起辩论呢？从信中我们可以感受到曹植重视实践的学风和干脆利落的为人。

对此，李滉回答："我不是不知道辩论的弊端所在，但是我不能因为这个就严厉批评那些刚刚入门的年轻后辈，这不是一个正确的做法。每个人都有自己的特长，有的人喜欢实践，也擅长实践，有的人则善于研究理论。实践固然重要，理论也同样重要。不分三七二十一就让那些适合理论研究的人放弃研究是不对的。作为一名长辈，我们应该鼓励后辈去发挥自己的特长。而不应该随意批判年轻人欺世盗名、危害他人。"

两者看法的差异来源于学问观和教育观的不同。和后学公平地辩论，相较于采用蛮横的批评，更倾向于鼓励他们发挥自己的特长，李滉的这种教育方式和今天的水平式教育十分相像。而曹植的主张则有利于解决水平式教育中出现的问题。两者很难分出孰对孰错。如果觉得谁说的更有道理，就跟从那个人就好了。

庄子：看到问题的本质

庄子是中国战国时期的哲学家，曾经收到很多次做官的邀请，但是他一次都没有去。他讽刺儒家的条条框框和国家主义，而十分重视个人的自由。著有经典《庄子》一书，"庄周梦蝶"和"井底之蛙"等脍炙人口的成语都出自这本书。

北冥有鱼，其名为鲲。鲲之大，不知其几千里也；化而为鸟，其名为鹏。鹏之背，不知其几千里也；怒而飞，其翼若垂天之云。是鸟也，海运则将徙于南冥。南冥者，天池也。《齐谐》者，志怪者也。《谐》之言曰："鹏之徙于南冥也，水击三千里，抟扶摇而上者九万里，去以六月息者也。"野马也，尘埃也，生物之以息相吹也。天之苍苍，其正色邪？其远而无所至极邪？其视下也，亦若是则已矣。且夫水之积也不厚,则其负大舟也无力。覆杯水于坳堂之上,则芥为之舟,置杯焉则胶,水浅而舟大也。风之积也不厚,则其负大翼也无力。故九万里,则风斯在下矣,而后乃今培风;背负青天,而莫之夭阏者,而后乃今将图南。蜩与学鸠笑之曰:"我决起而飞,抢榆枋而止,时则不至,而控于地而已矣,奚以之九万里而南为?"适莽苍者,三餐而反,腹犹果然;适百里者,宿舂粮;适千里者,三月聚粮。之二虫又何知!

——《庄子》

庄子在书的开头介绍了传说中的鸟——鹏。大鹏非常之大,长度足足有几千里,翅膀一打开就可以遮天蔽日。就好像大船想要浮起来需要水足够深一样,大鹏想要飞起来也需要借助足够大的风力。看到大鹏努力振翅高飞的样子,蝉和鸽子开始嘲笑它,它们完全不理解为什么要飞那么高,为什么要飞到遥远的南方。但是这些小动物怎么会懂得大鹏的志向呢?这就像在早晨冒出来到傍晚就消失的蘑菇不懂得什么是夜晚和凌晨是一个道理。

胸怀大抱负的人内心有很强大的力量，还有坚持挑战的韧性，厚积薄发。大抱负总是和现实有很大的差距。所以胸怀大抱负的人要能够忍受别人的无视和嫉妒，能够理解周围亲近的人的担心和接受他们的意见。这样做的话，事情会慢慢好起来。对于大鹏而言，蝉和鸽子的嘲笑根本算不上什么。

忘掉了不该忘的事

> 闉跂支离无脤说卫灵公，灵公说之；而视全人，其脰肩肩。瓮㼜大瘿说齐桓公，桓公说之；而视全人，其脰肩肩。故德有所长而形有所忘，人不忘其所忘而忘其所不忘，此谓诚忘。
>
> ——《庄子》

闉跂支离无脤指的是跛脚、伛背、无嘴唇的残疾人，瓮㼜大瘿指的是颈瘤大如瓮㼜的残疾人。《庄子》当中的故事很多都不是真实的历史，大部分都是庄子虚构出来的。庄子会在故事中把虚构的人物和真实的人物结合，在这个故事中，跛脚、伛背、无嘴唇的残疾人和颈瘤大如瓮瓮的残疾人都是虚构的人物，卫灵公和齐桓公是真实的人物。卫灵公和齐桓公深深被这两个残疾人的意见所影响，以至于后面见到正常人都会觉得他们有点别扭。瓮瓮大瘿的脖子上有一个巨大的肿瘤，齐桓公仰慕他之后，看到脖子上没有肿瘤的正常人会觉得他们的脖子很瘦很细。内心道德高尚的话，外形丑陋是无所谓的。但是庄子认为世上的人过于执着于外表，而忘记了内心的道德。

很多人都认为残障学只属于医学领域的范畴，殊不知它其实也属于社会学领域的范畴。在社会学当中，残疾人不是有残疾的人，而是遭受残疾待遇的人。因为在这里讨论的残疾，不是身体上的一种东西，而是"社会关系"中的一种表现。举一个例子来说，假设有一个国家，里面的人基本上都是身高两米以上的，那么就会出现下面的几种情况：这个国家里的把手或者架子都在很高的地方；在公交车上，如果是不到两米的人，就会按不到下车铃；学校或者咖啡店里的桌子和椅子都是很高的，个子矮的人根本坐不了。所有的东西都是按照人的身高是两米来定制的，所以才会导致这些情况。在这样的社会里,身高一米六的人就只能算是一个残疾人。

由此我们可以知道,在社会学当中,残疾并不是身体上的东西,而是在社会关系里形成的相对的不平等。设定一个理想状态下的"正常",不满足这个条件的就是"不正常",我们不提倡这种做法。所以相比于"正常—不正常"的说法,采用"在现在的社会里是否遭受了残疾待遇"的这种表达是不是更加准确一些呢?

庄子谙熟残疾的真正含义,他说"对于内心道德高尚的人而言,形丑是无所谓的"。"闉跂支离无脤"和"瓮㼜大瘿"这两个人同卫灵公和齐桓公都是道德高尚之人。在他们心里,没有所谓的"残疾人"这种虚假概念。所以大多数人所认为的"身体残疾",在他们眼里不过是人的一个特征罢了。

残疾人经常控诉的事情就是自己被别人看作"残疾人"。残疾人当了歌手之后,别人会叫他"残疾人歌手",残疾人做了律师之后,别人会叫他"残疾人律师"。难道不能不用残疾人这个词吗？直接叫歌手、律师不是就足够了吗？庄子所说的"该忘掉的事情"，就是这种用身体上的特征来评判一个人的做法。而"不能够忘记的事情"则指的是绝不能用身体上的特征来掩盖一个人原本的样子。

李舜臣：父母之心

李舜臣是朝鲜王朝时代的将军，一直到32岁才武科及第。镇守了多年边疆之后，在47岁时当上了全罗左道水军节度使，壬辰倭乱的时候留下闲山大捷、鸣梁大捷等不败的神话。

> 初二日癸未。晴。朝食后。心绪郁结。举碇出于浦口。丁水使亦随至。顺天。光阳来见。所非浦又到。夕。还到阵处。李弘明来。昏。右令公到船。言防踏归觐事恳恳。而以诸将未能出送答之。又传元水使妄言。向我多有不好之事。而皆妄矣。何关乎。探船入来。则苒痛处成瘇。针破则恶汁流出。少迟数日。则难救云。不胖惊叹。今则少有生道。喜幸可言。医人郑宗之恩。莫大焉。
>
> ——《乱中日记》

所有的书籍都是二次创作的产物。书本身会带有作者的色彩，而我们读者则会把自己代入书中去。《乱中日记》也是如此。大家读这本书的原因有很多，有的人是想知道如何才能成为一个伟大的领袖，有的人是想知道什么是忠心，还有的人是为了理解充满苦恼的人。李舜臣成了每个人的忠武公，为我们打开人生的道路。

我在《乱中日记》中看到的李舜臣是五个儿子和两个女儿的父亲。这让我想起了自己的父亲。在读这本书之前，我还在猜测李舜臣会不会也像许多克己奉公的英雄一样，是一位很优秀的父亲。如果把利用自己的权力来优待子女看作评判一位父亲优秀与否的标准的话，李舜臣绝不是一位优秀的父亲。但是如果评判的标准换作真心爱护和关心子女的话，《乱中日记》中的李舜臣当之无愧。

以父之名

李舜臣在《乱中日记》中多次提及自己的子女，

其中关于第三个儿子李葂的篇幅最多。每次读到这部分内容的时候,都能切身体会李舜臣作为一个父亲对儿子的担心。1593年8月,忙于战事的李舜臣迟迟才得知自己的儿子李葂身患痼疾,他十分震惊茫然,止不住地叹息。随后他又在书中透露得知儿子还有一线生机的时候,内心的感受无法用言语来表达。《乱中日记》中的李舜臣一直都是从容不迫的,由此我们可以看出这个时候他是多么地震惊。

> 十三日己丑。雨中独坐。念葂儿病势如何。掷字占之。得吉卦。少舒少舒。雨晴与否。又占之则将作大雨。为农事可虑。
> ——《乱中日记》

一年之后,在1594年7月,尽管李舜臣十分担心,但是李葂的病情并没有好转,反而是旧病复发,甚至还会吐血。李舜臣给儿子寄去了药材,但是内心始终放不下,李舜臣甚至亲自给儿子算卦。第一次算出来结果是好的。他还是不放心,接着又算了一卦。第二次结果也是好的,就这样他才勉强放下心来。

在人们的印象中，李舜臣是一个很冷静和理性的人。所以有的人会觉得李舜臣算卦这件事有点不可思议。另外在《周易》里有这样一句话："初筮告，再三渎，渎则不告。"李舜臣竟然算了两次卦。精通文武的李舜臣不可能不知道算卦不能算两次这么基础的事情。由此我们可以体会当时他有多么着急和焦虑。

> 十四日辛未。晴。四更。梦余骑马行邱上。马失足落川中而不蹶。末豚莪似有扶抱之形而觉。不知是何兆耶。夕。有人自天安来传家书。未开封。骨肉先动。心气慌乱。粗展初封。见莜书则外面书痛哭二字。知莪战死。不觉堕胆失声。痛哭痛哭。天何不仁之如是耶。我死汝生。理之常也。汝死我生。何理之乖也。天地昏黑。白日变色。哀我小子。弃我何归。英气脱凡。天不留世耶。余之造罪。祸及汝身耶。今我在世。竟将何依。号恸而已。度夜如年。
>
> ——《乱中日记》

1597年10月，李舜臣做了一个梦，在梦中他接住了落马的儿子李葂。恰好是那一天,他收到了家中的书信,信中说李葂在和倭寇的战斗中牺牲了。在当时,不仅是李舜臣,朝鲜王朝的无数父母都因为倭寇之乱失去了自己宝贝的子女。

贪欲与爱的较量

子曰:"父母唯其疾之忧。"父母无论什么时候都在担心子女是否生病。失去孩子的父母,他们内心的痛苦根本无法用言语来表达,只有同样失去孩子的人才能够理解这种心情。所以李舜臣能够切身体会到失去孩子的百姓的痛苦。或许,他奔赴沙场杀敌并不只是因为他是一个忠臣,还可能是为了那些不得以把孩子送到战场上和那些失去孩子的父母,他希望尽快结束战争,结束人民的痛苦。所以我觉得李舜臣的战斗不是国家之间的对决,而是贪欲和人类的爱之间的对决。

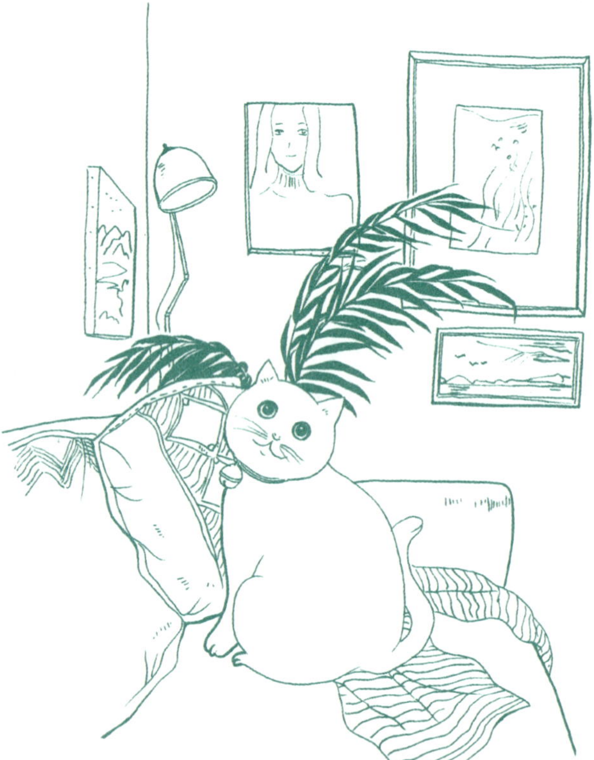

第七章
世界是什么

- 郑道传：世界不会自己变得更好
- 曹植：政治的态度
- 孟子：追求变化需要讲究方法
- 韩非子：体制重于圣君
- 罗素：教科书的内容究竟是谁的思想
- 布莱希特：历史没有记录所有的东西

郑道传:世界不会自己变得更好

郑道传是韩国著名的儒学家,号三峰,出生于高丽末期。他和郑梦周①一起在李穑②门下学习性理学,后来领导革命推翻了高丽王朝,拥护李成桂为王,建立了朝鲜王朝。他改革了土地制度,推崇由大臣主导的宰相政治制度,被誉为"朝鲜王朝的设计者"。

乙卯季冬,几望之夕,天净月明,群动就息。若有一物,朝于上清,立于玉帝之庭,称臣而告曰,臣受帝命,为人之灵……及至

---

① 郑梦周(1337—1392),字达可,号圃隐,谥号文史,高丽末期至朝鲜王朝时期著名政治家、外交家、哲学家、文学家,被誉为朝鲜王朝的理学之祖。——译者注。
② 李穑(1328—1396),字颖叔,号牧隐,谥号文靖。出身名儒家庭,师承大儒家李齐贤。1349 年他作为使臣来到中国元朝,应科举及第后,在国子监学习朱熹的学说,3 年后回国。曾任成均馆大司成、宰相等要职。他大部分时间研究性理学,是在高丽后期(13—14 世纪)开始广泛传播和发展朱子学的主要代表人物之一。——译者注。

> 其报，事多反复。背者寿考，顺者夭折，从者贫穷，逆者富达。故世之人，尤臣之为。不从臣命，惟敌之随。惟皇上帝，实主下民，始终何乖，与夺何偏。臣虽鄙愚，窃有惑焉。
>
> ——《三峰集》

本段文字选自其所著的《心问天答》。按照字面意思，这本书主要内容就是内心提出问题，上天来回答问题。1375年，郑道传因为与统治阶级正面交锋失败而惨遭流放。

郑道传的父亲是刑部尚书，相当于现在的司法部部长。他出生于上流社会，很年轻就科举及第，出人头地。即便拥有这样显赫的出身，郑道传也被流放到了贫苦的山村。他在那里看到百姓生活的样子后，内心受到很大的冲击。他和贫穷的百姓一起生活，倾听他们的哭诉，认真思考了百姓的生活问题。

统治阶级整天大鱼大肉，为什么百姓却连一顿饱饭都难以吃上？统治阶级为了满足自己的各种贪欲而践踏他人，对他人的痛苦视而不见。而百姓们却连窥视他人财产的空闲都没有，一直在拼死拼活地劳作。郑道传也是为了国家的利益着想，但是却被流放。尽管如此，统治者还是过着花天酒地的生活。所以他才想问这个世界上究竟存不存在所谓的正义。

《心问天答》就是围绕这个问题而展开的。就像我们前面说的，前文引用的部分是内心提出问题的内容。在万物都进入梦乡，安静的秋夜里，内心以一名大臣的身份向天帝提出质疑。在东亚文化中，天帝是把上天拟人化的一个称呼，相当于我们说的上帝。

埋怨无辜的上天

子思认为人的本性是"上天的命令"，郑道传继承了这样的思想。人心是由上天赋予的，但是人类却无视正义的内心，一心只想着追求贪欲。这样做，内心怎能不孤独？

比无视人心更加严重的是，有的人虽然追求正确的价值观，但是却惨遭迫害，食不果腹。而有的人对上天的命令视而不见,一心只想着追求贪欲,享受着荣华富贵。如果真的有天帝存在,如果上天真的赋予了人类内心,这个世界为什么会存在那么多不合理和不公平?这正是内心想要得到答案的问题。

> 帝曰:"噫嘻,予命汝听。予赋汝德,在物最灵,与两并立,得三才名。"又当日用之间,洋洋焉开道引迪,使尔不昧其所适,予所以德汝者非一,汝不是思,或自弃绝。风雨寒暑,吾气也。日月吾目也。汝一有小失,吾之气乖戾,吾之目掩食,汝之病我者亦极矣,何不自反,而遽吾责欤。且以吾之大,能覆而不能载,能生而不能成。寒暑灾祥,犹有憾于人情,吾如彼,何哉。汝守其正,以待吾定。
>
> ——《三峰集》

上面这段话是天帝对于内心问题的回答。上天赋予了人类道德。每个生命都会有欲望,但是只有人类才有追求德行和价值的品性。所以人类可以和天、地并列成为世界的三大支柱。上天是因为爱才让人类和自己站在一起。不仅是德行,上天还赋予了人类认知能力。由此可见,上天其实给了人类很多东西。

上天并不是万能的,他虽然可以孕育万物,但是并不保证人类的成功。严寒、酷暑、灾难并不是上天为了惩罚人类而创造的东西,它们反而是因为人类伤害上天才出现的现象。正是因为人类和天、地都是世界的支柱,所以才会这样相互影响。

虽然上天出于爱给予了人类那么多东西,但是人类怎么可以忘记这个事实,反而去伤害和埋怨上天呢?作为上天,当然会十分郁闷。上天只是敦促人类要遵循并实现正道。

上天不会改变世界,但是人类可以

《心问天答》其实是郑道传的自问自答,他在这本书中提出了自己的问题并且找到了答案。一开始被流放的时候,他看到世间的种种不合理,其实是对上天不满的。但是在仔细思考之后,他发现其实应该是上天埋怨人类，自然灾害并不是上天对人类的惩罚，而是因为人类不当的行径伤害了上天而产生的现象。上天并不是万能的存在，它和人类会相互影响。

郑道传认为上天出于爱给予了人类那么多东西，但是人类反而伤害了它，所以真正应该反省的是人类自己。因为正是人类一手造成了世间的各种不合理。自己犯的错自己来改正，人类有责任让世界重回正轨。

结束流放生活之后，郑道传重回朝廷。他和李桂成一起推翻了高丽王朝，建立了新的国家——朝鲜。这不仅仅是改朝换代，他们想要建立一个百姓不会挨饿，大家都过着美好生活，以民为本的国家。在这个过程当中，他跨过了几道生死坎，和自己的老师与故交都断绝了联系。曾经尊敬的老师和昔日的好友都骂他是大逆不道之徒。

在建国之后，他作为一名大臣，依然为建立自己梦想中的国家而不断努力。但是他最终惨死于朝鲜太宗李芳远之手。郑道传虽然是朝鲜的设计者，但是在很长一段时间里，人们都认为他是一个逆贼。直到

500多年后,朝鲜的高宗才为他平反昭雪。郑道传到最后也没有放弃自己的信念,一直像火花一样燃烧着自己的生命,这难道不是相信人类有责任让世界变得更好的人才做得到的事情吗?

曹植:政治的态度

前面提到过,曹植是朝鲜王朝时期的哲学家,号南冥,与退溪李滉一起被视为韩国岭南儒学的两座大山。他很排斥理论性的哲学,十分重视哲学的实践性。壬辰倭乱时期比较著名的郭再祐、郑仁弘都是他的学生。

> 抑殿下之国事已非,邦本已亡,天意已去,人心已离,比如大木,百年虫心,膏液已枯,茫不知飘风暴雨,何时而至者久矣。在廷之臣,非无忠义之士,夙夜之良也,已知其势极而不可及,四顾无下手之地。小官嬉嬉于下,姑酒色是乐,大官泛泛于上,唯货赂是殖。河鱼腹痛,莫肯尸之。而且内臣树援,龙挐于渊。外臣剥民,狼恣于野,亦不知皮尽而毛无所施也。臣所以长想永息,昼而仰观天者数矣,嘘唏掩抑,夜以仰看屋

者久矣……伏惟睿察。

——《南冥集》

曹植一生都是一个隐士。所谓的隐士是指那些不进入官场,一心一意钻研学习和教育的书生。在晚年的时候,曹植曾有几次被赏赐官职,但是他都委婉谢绝了。上面这段引文是曹植在拒绝明宗赐予他丹城县监一职时写下的上书文。因为拒绝的是丹城县监,因此也被称为《丹城书》。另外这是在乙卯年写的,所以也被称为《乙卯辞呈》。

曹植在文中毫不掩饰地指出了国家的问题所在。一国之主没有处理好政治,国家的根基已经不复存在,失去了天心和民心。他把国家现在的形势比作百年来被虫不断腐蚀的古木面对不知何时会来的风雨摇摇欲坠的情况。国家并不是没有有志于改变现状的大臣和书生,而是国家的根基腐烂的程度之深,已经没有办法去挽救。他直言不讳地指出宫中的大臣拉帮结派,四处搜刮金银财宝;地方的官吏沉迷于酒色,就像那饿狼一样不断压榨着百姓。对此,他是夜不能寐,十分担忧国家的命运。

我们要了解一下曹植委婉拒绝做官的两个理由。第一，他认为自己年事已高，再加上没有足够的能力和威望，很难胜任这个职位。这可以看作隐士的谦逊之词。第二个理由，可以说是出自他的本心。他认为国家的根基腐烂程度之深，就算是中国古代的周公和召公在世也难以解决当下的问题。因此就算自己担任这个职位，不过是多拿一份国家的俸禄罢了。

曹植在结尾写下了"冒死直谏"，这并不是一句客套话。明宗十分尊重曹植的名声和人品，虽然他没有参加过科举，但是依然多次封他官职。但是曹植每一次都婉拒了。所以这一次明宗下旨让曹植在距离住处比较近的地方做官，这样既可以担任官职，又可以致力于研究学问。由此可见，明宗对曹植是宠爱之深。

这一次曹植不仅拒绝了明宗，还写下上书文十分直接地批判了他。在此之前，隐士李希颜同样拒绝了明宗赏赐的官职。当时明宗十分生气，甚至要追究李希颜的罪责。曹植不仅拒绝了明宗，还大肆批评他，这样一来，明宗肯定会大发雷霆。

实际的情况是,明宗在读了曹植的上书文之后,确实龙颜大怒。当时情况之严重,甚至连承政院①都在斥责曹植。

> 疏入,传于政院曰:"今观曹植之疏,虽似切直,有不恭之辞于慈殿,似不识君臣之义,至为寒心。政院见如此之疏,于臣子之心,所当痛愤请罪,而安心披见,无一言启之,尤为寒心。此人可谓知君臣名分而举荐乎?君虽不贤,以臣子,岂忍发辱言哉?是乃贤人君子爱君敬上之事乎?"
>
> ——《明宗实录》

对于那些看了曹植的上书文之后还不支持惩罚他的大臣,明宗全都骂了个遍。多亏有几个大臣为曹植求情,他才得以免于惩罚。

---

① 承政院:朝鲜时期负责宫廷出纳的官厅。——译者注。

需要重温的书生精神

曹植写下这篇上书文的时间是 1555 年，当时正好是朝鲜王朝明宗登基之后的第 10 个年头。在这个时候，外戚尹元衡掌握实权，左右朝政，提携那些贿赂他的人和自己党派的人做官。这一年还发生了乙卯倭乱。曹植也在书中提及了乙卯倭乱，他批评明宗在国家处于内忧外患的时候毫无作为。

事实上，曹植早就看破了明宗给自己做官的原因。相比于匡扶社稷，明宗其实更想利用曹植来美化自己的统治。曹植虽然感受到了明宗的诚意，但是还是委婉拒绝了他。

《丹城书》里展现了以曹植为首的朝鲜王朝时代的书生那种敢于针砭时弊的气魄，他们具有发现问题的眼光、忧国忧民的抱负、敢于直谏的勇气。这些都是我们应该学习的，尤其是当下的政治家。

孟子：追求变化需要讲究方法

孟子是中国战国时期的哲学家，属于子思学派。与孔子一样，他为了实现自己的理想，周游列国，向执政者们宣传自己的道德理念和政治主张，晚年的时候投身于教育事业。孟子主张性善论，反对军备竞赛和霸权政治，提倡民本思想和仁政学说。《孟子》一书中记载了孟子及其弟子的言行。

民为贵，社稷次之，君为轻。

——《孟子》

孟子的政治思想是民本思想，他认为应该把百姓放在第一位，国家其次，君王在最后。因为先有了人民才有国家和君王。他十分厌恶那些不顾百姓生死，不断压榨百姓的行为，为了改变君王的思想，他下了许多功夫。

为了达到自己的目的，孟子使用了两种方法：一种是通过辩论的方式让君王认清自己的错误；另外一种是通过娓娓道来的劝说，说服君王，唤醒他们的内心，让他们去爱民，去改善人民的生活。孟子根据不同的对象，灵活地运用这两种方法。

> 孟子谓齐宣王曰："王之臣有托其妻子于其友，而之楚游者。比其反也，则冻馁其妻子，则如之何？"王曰："弃之。"曰："士师不能治士，则如之何？"王曰："已之。"曰："四境之内不治，则如之何？"王顾左右而言他。
>
> ——《孟子》

孟子提出的问题不仅十分严肃，还一针见血。孟子为了让齐宣王知道自己的不足，假定了几种情况。

第一种情况是假设有一个人暂时要到他国去，把妻子和儿女托付给了好友。但是当他回来的时候，发现自己的好友不仅没有照顾自己的家人，还眼睁睁看着他们受寒挨饿。对此，齐宣王认为应该和这个朋友绝交。

第二种情况是假设有一个官员没有尽到自己的责任，部下对他十分不满。齐宣王认为应该要罢免他的官职。

接着，孟子提出了第三种情况，假设有一个君王没有管理好自己的国家，那该怎么办？如果是按照刚才的逻辑，当然要推翻这个君王。齐宣王听后十分慌张，扯开了话题。

这段问答当中，有几个点需要我们关注一下。孟子所假设的三种情况都是把某个东西委托给了某个人。第一种情况是把家人委托给了朋友，第二种情况是把部下委托给了官员，第三种情况是把国家委托给了君王。到十七世纪为止，欧洲封建君主制度的政治理论都是君权神授。所谓君权神授指的是君主的权力是由上帝赋予，所以是神圣且绝对的。后来反对君权神授，主张君权民授的社会契约论登上了历史舞台，它在法国大革命等变革中起到了重要作用，打开了近代民主主义社会的大门。然而早在公元前400年，孟子已经提出了相似的理论。就像把家人托付给朋友，把部下托付给长官一样，国家也只不过是托付给君王罢了。

在欧洲首先创立社会契约论的霍布斯并不认可人们有反抗的权力。他认为虽然人们把权力委托给了君王,但是不能因为君王犯了错误就废除他的权力。这似乎是在利用社会契约论来美化君王的绝对权力。而孟子并不这么认为。他认为如果君王不为百姓着想的话,那就应该推翻他的政权。

> 齐宣王问曰:"汤放桀,武王伐纣,有诸?"
> 孟子对曰:"于传有之。"
> 曰:"臣弑其君可乎?"
> 曰:"贼仁者谓之贼,贼义者谓之残。残贼之人谓之一夫。闻诛一夫纣矣,未闻弑君也。"
> ——《孟子》

从这里我们可以看出孟子是支持革命的。如果君王做不到仁政,践踏百姓,那么他不过是一个强盗,根本没有作为王的资格。所以革命不过是在惩治强盗,并不是大臣们对君王的背叛。孟子能够在当时提出与社会契约论类似的主张和革新，而且还敢在一国之君面前宣扬自己的政治思想，放到现在来看也是让人觉得不可思议的事情。

> 齐宣王见孟子于雪宫。王曰："贤者亦有此乐乎？"
> 孟子对曰："有人不得，则非其上矣。不得而非其上者，非也；为民上而不与民同乐者，亦非也。乐民之乐者，民亦乐其乐；忧民之忧者，民亦忧其忧。乐以天下，忧以天下，然而不王者，未之有也。"
> ——《孟子》

在对话中，孟子经常提及圣君这个词。因为他老师说君王应该爱百姓，所以有一次齐宣王故意问他："我很喜欢奢侈的东西，所以皇宫才会那么华丽，按照先生你的看法，我能够成为一个爱百姓的圣君吗？圣君也会喜欢华丽的东西吗？"孟子的回答出乎齐宣王的意料。孟子认为这样的爱好根本不会阻碍齐宣王施行仁政。他说："没有关系。您就像现在这样保有自己的爱好就可以了。但是请您和百姓一起分享这种快乐。本来如果人们自己生活过得很贫苦，但您过得很享受，他们一定会埋怨君王的。虽然百姓埋怨君王是不应该的，但是作为百姓的君王，如果不能和百姓一起快乐，那也是不对的。君王以百姓之乐为乐，百姓也会以君王之乐为乐。如果君王以百姓之忧为忧，那么百姓也会以君王之忧为忧。如果您能够做到真正的仁政，那么百姓又怎么会因为您这样的爱好而埋怨您呢？百姓反而会和您一起快乐，这样您的快乐也会加倍。您不是也有统一天下的目标吗？只要做到和天下同苦同乐，这样百姓自然就会把天下交到圣君的手上。"

虽然能够通过辩论和直谏的方式让执政者认识到自身的错误，但是要让其具备一颗爱民之心却很难。必须要让他们明白怎样才能成为一个圣君，让他们拥有想要成为圣君的抱负。所以辩论归辩论，孟子有时候也会开导君王，帮助他们领悟一颗爱民之心和施行仁政的勇气。在前面这个例子当中，孟子并没有批判齐宣王的爱好，而是反过来告诉他爱百姓可以使自己的快乐加倍。然后又进一步告诉齐宣王如果拥有一颗爱民之心，天下的百姓都会爱戴他，这样才能实现统一大业。

　　孟子不只是一味地宣扬道德义务，也会通过现实的例子告诉齐宣王施行仁政的话能够获得什么，从而来说服他。我们可以从这个例子当中感受到孟子的一片真心。

韩非子:体制重于圣君

韩非子是中国战国时期的哲学家,荀子的学生,重新解释荀子和老子的哲学之后成为法家的集大成者。其主张国家应该通过严格的法律来进行治理,而不是靠人的道德。虽然他在秦国被杀害,但是其思想却为秦朝一统提供了有效的理论依据。

> 晋平公与群臣饮,饮酣,乃喟然叹曰:"莫乐为人君!惟其言而莫之违。"师旷侍坐于前,援琴撞之。公被衽而避,琴坏于壁。公曰:"太师谁撞?"师旷曰:"今者有小人言于侧者,故撞之。"公曰:"寡人也。"师旷曰:"哑!是非君人者之言也。"左右请除之。公曰:"释之,以为寡人戒。"
>
> ——《韩非子》

有一次，晋平公在喝醉之后说了一些不当的话。根据君权民授的思想，一国之主理应要为百姓谋求幸福。但是晋平公却忘记了这件事情，大放厥词。所以乐师师旷才会把演奏的琴扔向晋平公，所幸的是晋平公躲开了，琴砸在墙上一下子就碎了。竟然有人敢向一国之主扔东西，晋平公十分生气，问究竟是谁干的。这时候师旷站了出来，义正词严地说自己刚才只是想扔向一个胡说八道的小人。

作为一国之君，说了不该说的话就称不上是国家的主人。所以这其实不是大臣在向君主扔东西，而是在教训小人罢了。当然，师旷的行为确实属于大逆不道的重罪，放在现在，也很难想象一个人敢向领导或者是比自己级别更高的人扔东西。再加上师旷不过是宫中的一个乐师，周围的大臣们都说要严惩他。但是晋平公却宽宥了师旷的行为，并把这件事作为对自己的鉴戒警示。

有什么样的国君，就有什么样的大臣。如果孟子听了这个故事，会认为这是一个良性的君臣关系。如果孔子听了这个故事，会认为师旷的行为虽然有点过分，但是却是在提醒晋平公不要犯错，会对他寄予肯定的评价。

重法治的原因

韩非子对此有不同的看法，他从第三人称的角度对此进行了评价。

> 或曰："平公失君道，师旷失臣礼。"
> ——《韩非子》

师旷没有尽到一个臣子对国君该有的礼仪，晋平公也没有严格按照国法惩罚师旷。就算出发点是好的，但是向一国之君扔琴的行为肯定是犯了大罪。韩非子一直坚信"法不阿贵，绳不挠曲"。如果因为师旷的出发点是好的就宽恕他，那么就会开了一个不好的先例。法律一旦被打破就一发不可收拾。以后肯定会有更多的人打着正义的旗帜来谋反，这样一来国政自然会变得混乱不堪。不仅如此，还会有更多的人不把国法放在眼里。韩非子认为作为个人，私下里可以原谅师旷。

但是作为树立国法的一国之君,是不能就这样宽恕师旷的。就算是强忍着眼泪也要惩治师旷。

> 且舜救败,期年已一过,三年已三过。舜有尽,天下过无已者。以有尽逐无已,所止者寡矣。赏罚使天下必行之,令曰:"中程者赏,弗中程者诛。"令朝至暮变,暮至朝变,十日而海内毕矣,奚待期年!舜犹不以此说尧令从己,乃躬亲,不亦无术乎?且夫以身为苦而后化民者,尧舜之所难也;处势而骄下者,庸主之所易也。将治天下,释庸主之所易,道尧舜之所难,未可与为政也。
>
> ——《韩非子》

尧舜时期可以称得上是太平盛世,所以在东亚文化中,尧舜不仅被看作圣君,还被看作圣人。子曰:"君子之德风,小人之德草,草上之风,必偃。"君主如果起到模范作用,百姓一定会追随他,所以不要深究该如何惩治百姓,而是要思考如何提高自身的修养。就像孔子所说的一样,尧舜的统治方法就是通过模范作用来感化百姓。

体制重于圣君

韩非子指出尧舜的"感化政治"的局限。像尧舜这样的圣人和英雄也是人,总有一天会死去。如果每一件事情都要以身作则的话,那么什么时候才能够把世间无数的恶习纠正过来呢?在恶行全被纠正之前圣君可能已经去世了。另外,只有像尧舜这样的圣人才能够做到以身作则,但是大部分的君王都不过是普通人。在尧舜时代盛行的是"禅让制",但是在韩非子生活的战国时代盛行的是"世袭制"。韩非子认为尧舜或者孔子所说的"德治"在这种情况下是难以实现的。所以一国之君并不是一定要成为圣人或者英雄,任何一个平凡的君主都能够依靠法治来纠正百姓的恶习。

韩非子所强调的"法治"放在今天也同样适用。在民主主义的今天,依然有很多人期待像尧舜那样的英雄出现来解决社会的不合理。但是把政治交给少数的几个英雄显然是不符合民主主义的原理的。在现代社会中,我们不能因为优秀的总统上任之后只换了几个国会议员，对此不满意，就要把这个总统换掉。就算是再差的政治家掌权，确立不会轻易动摇的民主制度、平等的法律和体制的根基才是更为重要的事情。

罗素：教科书的内容究竟是谁的思想

罗素是英国现代哲学家，出身于贵族家庭，他在数理哲学、语言哲学、逻辑学等多个领域中研究哲学并取得了丰硕的成果。除了专业书籍之外，他还写过许多社会评论和适合大众阅读的哲学书籍。此外，他还积极投身于社会运动当中，甚至为此在89岁时被逮捕入狱。"对爱情的渴望，对知识的追求，对人类苦难无可遏止的同情心，这三种简单而又强烈的感情支配了我的一生。"罗素的这几句话被世人广为流传。

> 假如孩子们为了避免奴隶的恶行，就染上了贵族的恶行，这就并不是一件值得期望的事。
>
> ——《悠闲颂》

在政治上，保守派和激进派关于教育的看法也是截然不同的。举一个例子，保守派的人更加注重教师的权威，而激进派则更加看重学生的人权。用罗素的话来说，保守导致了奴隶的恶行，激进导致了贵族的恶行。"奴隶的劣性"指的是奴隶容易内化的那些不好的品性，比如服从、屈服、卑躬屈膝、没有主见、没有信念，等等。而"贵族的劣性"指的是贵族通常都会具有的那些不好的品性，比如放纵、固执、无节制、不会反省、不会关心他人，等等。

在教育过程中，如果说教师和学生是一种垂直关系，那么学生很容易成为"奴隶"。在这种关系中，老师要做的就是把书本上的知识教授给学生，而学生要做的就是把老师讲的内容背下来就可以了。从小接受这种教育的学生，就算长大成为杰出的人才，也很难摆脱这种听从的状态。他们很容易成为一个听话的职员，一个忠于集团理念的成员。

但是如果过分注重学生的自由，以及学生和教师的平等关系，那么学生们就可能染上贵族的恶习。如果学生上课不认真听课，那么教育就根本没有办法进行下去。所谓教学相长，指的是老师教导学生，学生接受老师的教导，然后逐渐成长，这是一个恒定不变的顺序。如果不遵守这个先后顺序，学生只顾着和老师争论，那么将很难通过教育获得成长，甚至连成长的可能性都会消失。同时，这也很容易让学生变得放纵，不懂得反省自身存在的问题。

讲授的内容更为重要

保守导致了奴隶的恶习，激进导致了贵族的恶习。如果把这句话反过来理解的话，保守可以防止贵族的恶习，激进则可以防止奴隶的恶习。这么来看的话，保守和激进都有各自的优点和缺点。那么把两者结合起来，或者把两者完全舍弃，某种程度上都能够找到合适的答案。

> 教师的职责不是传授个人所思所想，而是把雇主认为有用的信念和偏见灌输给学生。
> ——《非通俗文选》

一直以来，灌输式教育仿佛是导致教育问题的元凶一样饱受批评。但是，其实灌输式教育本身没有什么错。灌输式教育主要的教育方法是授课，一般来说就是教师在黑板上写板书，灵活运用教育资料，课后为学生答疑解惑。这就是一般在教室或课堂里常见的场面。即使这样的教学方法有问题，也不能所有的课都以小组讨论的方式来进行吧？

教育真正的问题在于教育的内容，而不在于教育的方式是不是灌输式。在提出"如何教学"这个问题之前，先要想清楚"该教什么"这个问题。罗素关注的点是教育的内容。

学校教育是由国家管理的。国家可以决定教育的课程，设置教科书编写的标准，还有雇用老师的权限。如今，一个人在成为老师之前，首先要成为国家或者私立教育机构的雇员。所以老师更多的是遵循国家的信念和价值观来教育学生。有的老师会努力去把国家的思想灌输给学生，但是大多数老师都缺乏思考，在自己也没有意识到的情况下，把国家和政府的思想直接灌输给学生。这样做的话就会导致无法看到教科书存在的问题,只是一味地照本宣科。对于问题诸多的教科书,无论是采用灌输式的方式,还是采用讨论的方式来讲授,都没有太大的差别。首先,要想清楚教育的内容,然后再去思考教育的方法也不迟。

布莱希特：历史没有记录所有的东西

贝尔托·布莱希特是德国著名的戏剧家与诗人，他的作品批判了社会的不合理和纳粹主义。布莱希特最具划时代意义的戏剧理论即"陌生化效果"[①]。同时他还对中国的老子、白居易、苏东坡等人的著作很感兴趣。

> 谁建筑了七座城门的特贝城？
> 书里边写着国王们的名字。
> 那些岩石，是国王们拉来的吗？
> 还有破坏过许多次的巴比伦——
> 谁又重建它这么多回？在金碧辉煌的
> 利玛

---

① 陌生化效果：有两个层次的含义，即演员将角色表现为陌生的，以及观众以一种保持距离和陌生的态度看待演员的表演。——译者注。

建筑工人住在什么样的房子里？
泥水匠们在万里长城建成的那晚
他们都到哪里去？
伟大的罗马到处是凯旋门。
谁建立了它们？
那些皇帝战胜了谁？
万人歌颂的拜占庭
只有宫殿给它的居民吗？
就是传说里的阿特兰提司，
在大海把它吞没的夜里，
沉溺的人们都喊叫他们的奴隶。

年轻的亚历山大征服印度。
他一个人吗？
恺撒打败高卢人。
他至少随身也要有个厨子吧？
西班牙的菲利浦王，在他的海军
覆没的时候哭泣。此外就没人哭吗？
七年战争，腓特烈二世打胜了。
除了他还有谁打胜了？

每一页一个胜利。

谁烹调胜利的欢宴?

每十年一个伟人,

谁付出那些代价?

这么多的记载。

这么多的疑问。

——《一个工人读书时的疑问》

通常来说,我们都是以人物为中心来学习历史。更准确地说,我们是以英雄为中心来学习历史。佛国寺和石窟庵是金大城修建的,朝鲜王朝的正祖、丁若镛、蔡济恭修建了水原华城。可是我们不能忘记一点,如果没有人民,那么他们绝不可能完成那样的功绩。

李舜臣很早就明白了这个道理,他说"没有湖南[①],国家早就亡了"。这里所说的湖南并不只是一个朝鲜的地方名称,同时还指的是和他一起抗击倭寇的无数湖南地区的百姓。这里还有更深层次的意思,那

[①] 湖南:韩国锦江以南全罗南道和全罗北道的别称。——译者注

就是并不是李舜臣保护了国家,而是和他一起走上战场的百姓们保护了国家。所以李舜臣所写的《乱中日记》中出现了许多平民百姓的名字。

在历史上,英雄大多是统治阶级或者是建功立业之后成为统治阶级的人。如果以他们为中心来学习历史的话,那么就会从他们的角度来看现实问题,而不是从自己的角度出发。太定太世文端世(太祖→定宗→太宗→世宗→文宗→端宗→世祖)……以国君为中心来学习历史的人,在现实当中难道不会从总统或者政治家的角度出发去判断情况吗?

历史只会记住强者

人们喜欢阅读历史书和历史小说的一个重要原因就是能够获得代理满足。在阅读的过程中,可以把自己想象成为历史的主人公。虽然在现实生活中,人们因为上学或者上班而感到疲倦,但是通过阅读历史书可以让自己体验到成为发号施令的英雄是什么样的感觉。当然,这样的做法不仅可以培养我们的想象力,还可以给我们的日常生活注入活力。但是经常从英雄的角度来思考历史也有不足之处。

这里我们来看看几年前的一部韩国电影——《思悼》。《思悼》讲的是朝鲜王朝国君英祖和思悼世子之间的矛盾。英祖本不是嫡长子，再加上有毒杀景宗的嫌疑，所以他一直因为自己的王位缺乏正统性而感到不安。正是因为这个原因，四十二岁老来得子的英宗对刚出生的儿子有着许多期待。如果自己死了的话，年轻的儿子有很大概率能够登上王位，所以希望他能够早日具备做一国之君的资质。

但是思悼世子却因为父亲的担心和过高的期待而喘不过气来。慢慢地，两人的矛盾便显现出来。矛盾最终以思悼世子的死作为终结。这部电影是从思悼世子的角度出发，非常细致入微地刻画了父子之间的矛盾。很多看过电影的观众都十分同情思悼世子。

在电影中还有这样的场景：饱受压力折磨的思悼世子不分缘由用刀刺死了一个侍卫。或许有人会觉得思悼世子是承受了过大的压力才会做出这样的事情，为他感到难过。这是因为电影是从思悼世子的角度出发的。如果电影从死去的侍卫的角度出发重新制作,那么估计大家就不会同情思悼世子了。

根据历史记录,思悼世子曾经不分缘由杀死了几十名宫女。如果从王室的角度来看,或许思悼世子是一个命运悲惨的人,但是如果从民众的角度来看,他不过是一个十恶不赦的恶人罢了。

近来,大家已经慢慢从以英雄和统治阶级为中心的历史中脱离出来。但是要走的路还很远。就像贝尔托在诗中说的那样,在读历史书的时候,就算是下意识,也要一边提出问题一边阅读。也就是说,要从民众的角度出发去思考,而不是从统治阶级的角度。

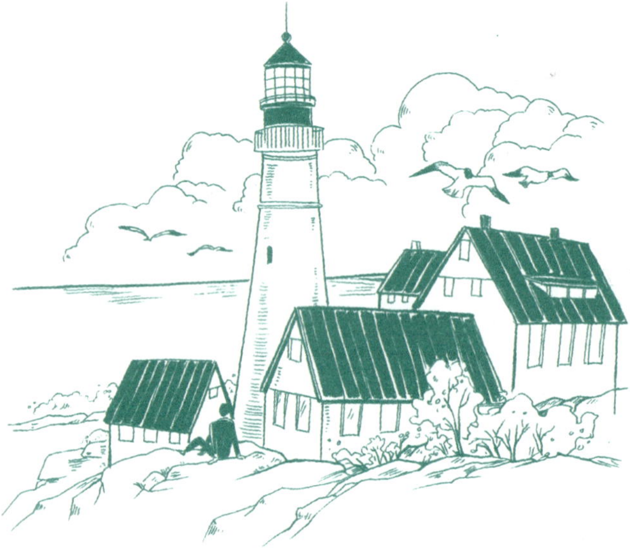

第八章 怎样才能过得更好

- 老子：规定生活的那一瞬间起，生活就变得无趣了
- 培根：真正可怕的，是那种深入习俗、盘踞于人心深处的谬误与偏见
- 释迦牟尼：欲得需先舍
- 朴重彬：合理地运用情绪
- 艾瑞克·弗洛姆：幸福就在现在这一刻
- 阿兰·巴迪欧：『献身』之时才能成为人生的主宰

老子：规定生活的那一瞬间起，生活就变得无趣了

老子是中国春秋末期的一位哲学家。根据记录，他是周国的守藏室史。据说他在写下《老子》（又称《道德经》）之后便辞官归隐山林了。他的思想从来都没有被当作主流思想，更多的是作为一种非主流思想流传在百姓和非主流的知识分子当中。

> 道可道，非常道。
>
> ——《老子》

韩国人平时在路上肯定遇到过这样的人，他们会问："你懂得道吗？"这些人都是属于一个崇拜朝鲜王朝末期历史人物姜一淳而创建的甑山教的信徒。因为他们经常去传教，给许多人的生活带来了不便。可能是意识到自己给别人的生活带来了麻烦，最近他们好

像都不会直接和别人宣传"道"。

在东方哲学中,关于"道"是什么的问题十分重要。子思认为"道"是"追求上天所赋予的本性",而老子则认为不应该对"道"下定义,因为在规定"道"的瞬间,"道"就不是"道"了。

如果说"道"是 A,那么"道"就被局限在 A 当中了,A 之外的东西都不是"道"。当然不能这样去限定"道"的范围,因为"道"是无处不在,任何东西都是"道"。如果有人问老子什么是"道",那么他应该会这么回答:"道可道,非常道。"从一开始这个问题就是错误的。

"道可道,非常道。"这句话是《老子》开篇的第一句话,由于一句话中反复使用了三个"道"字,所以给人一种很深奥的感觉。无论是在宗教还是哲学里,都不会对最高层次的概念进行定义。正因为如此,在基督教里,耶和华把自己称作"I AM WHO I AM"[①]。

---

① 出自《出埃及记》。——译者注

这句话可以理解为"我就是我"或者"我是独自存在的个体",这同样是在拒绝下定义和说明,和老子所认为的不能将"道"语言化有着相通之处。

囿于规矩之中

老子哲学的核心在接下来的这句话中充分体现了出来。

> 名可名,非常名。
> ——《老子》

在其他宗教和思想中,信徒们禁止对绝对者下定义,但是对于人类和自然万物,他们不仅会下定义,还会评价,甚至强迫他人去接受。他们认为规定和禁忌都是出自绝对权力者的命令,必须要遵守。但是老子却认为不能去定义"道",对于自然万物也是如此。这句话中的"名"指的就是自然万物。给自然万物起名字也是对它们的一种定义。

我们都会下意识地对事物进行分类命名。举一个例子，如果把我称作"女性"，那么别人也会把我看作一个"女性"。"是什么"和"像什么"其实是差不多的。一旦被称作"女性"，那么别人就会觉得你应该"像一个女性"。当然，男性也是如此。像这样去定义别人会使得人失去自我。女性会讨厌自己身上不像女性的特点，男性会讨厌自己身上不像男性的特点。

因此，老子才提倡不要用男性和女性去定义别人，要从"像女性"和"像男性"的局限当中逃离出来。当然不只是年龄的大小、性别、人种和国籍的不同，无论是什么，都不要用这个东西去定义自身和他人。只有摆脱了这些局限，才能够活出自我。

韩国诗人金春洙在诗《花》中写道："与我的颜色和香气相配着，谁在叫我的名字，向着他走去，我也想变成他的一朵花。"如果让老子来写这首《花》，他估计会这样写："无论是以颜色还是香气都无法区分，不要再去定义万物，樱花也好，木槿花也好，都只是花罢了。"

万物的根源"道"正是这样无法被定义的东西，

所以万物也应该要自由。就像是从神那里为人类盗取火种的普罗米修斯一样,老子也从绝对者那里为人类带来了"我就是我"的思想。

> 故贵以身为天下,若可寄天下;爱以身为天下,若可托天下。
> ——《老子》

有的人愿意奉献自身去热爱世界,有的人相比于世界更加爱自己。前者属于遵循世界给自己赋予的定义,也就是规则和规范的人,忠臣和烈女就是其中的典型代表。后者则是不遵循世界规则和规范的人。他们拒绝世界给他们的定义,追求自己原来的样子,更加爱自身。

老子认为将天下托付给前者是不可取的。因为他们只会循规蹈矩,不会带来任何的改变,同时也会强制他人和自己一样循规蹈矩。他认为应该把天下托付给后者。后者追求自身的自由,同样也会希望别人去追求自由。他们不会强化现有的规则,而是会力求实现自己期待的价值。

培根:真正可怕的,是那种深入习俗、盘踞于人心深处的谬误与偏见

培根是英国近代哲学家,仕途非常顺利,曾任大法官,是国王的亲信。他主张要通过经验和观察来学习知识,后来以这样的思想为基础创立了英国经验论。同时他还重视科学思考,投身于科学发展当中。

> 另一个导致科学发展速度如此之慢的主要原因是没有正确地确立科学研究的目标。如今真正的科学目标是通过新发明来使得人类的生活变得更加丰富多彩。虽然世界也有人研究科学是单纯地出于对科学的热爱,但是与其说是一种对真理的探索,不如说是对多种学说的考察罢了。
>
> ——《新工具》

"知识就是力量",这句话体现了培根思想的特点。培根批判当时的学科无法研究出新的知识,停滞不前。他认为当时的学者不过是对学问充满热情的人罢了,通过学问来追求的最终目标正在渐渐被人们遗忘。

学问并不只是为了让人们充满对知识的热情和探求欲望,也不是十分崇高而只能被研究的对象。培根认为做学问的最终目的是让人类的生活变得更好。因此学者们应该与时俱进,积极创新,而不只是重复过去的研究。换句话说,就是要在探讨和观察的基础上,结合经验和实验,创造或者发明出新的东西。

然而在培根所处的那个时代,大部分学者都轻视直接接触和观察事物的实际研究。他们认为这样做很丢脸,而且越是靠近事物,自身的人性就越容易被事物的物性影响。学者们神化和盲目地遵从古典学问的现象十分严重。培根认为这种学术界的偏见是一种积弊和教条。

阻碍人类发展的假象

> 现在占据着人的理智并且在里面已经根深蒂固的各种假象和错误观念,不仅是非常扰乱人心,使真理难以进来,而且即使进来以后,如果人们事前不提防这种危险,使自己尽量巩固起来抵御它们的进攻,它们就会在科学开始复兴的时候,又找上我们和扰乱我们。
>
> ——《新工具》

培根进一步提出要认清阻碍学问研究的四大假象——种族、洞穴、市场、剧场。所谓的假象指的是错误的观念或者偏见。接下来我们将逐一分析这四大假象。首先是"种族假象",它存在于人类的天性和种族之中。作为一个人,我们都是以自我为中心。人类按照自己的标准去理解世界。举一个简单的例子,我们经常会用人类世界的标准来分析动物世界。动物本身毫无意义的行为也会从人类行为的角度上去解释。还有就是外星人,无论是电影还是漫画中,所有的外星人在外貌上都与人类十分相似。认为地外生物

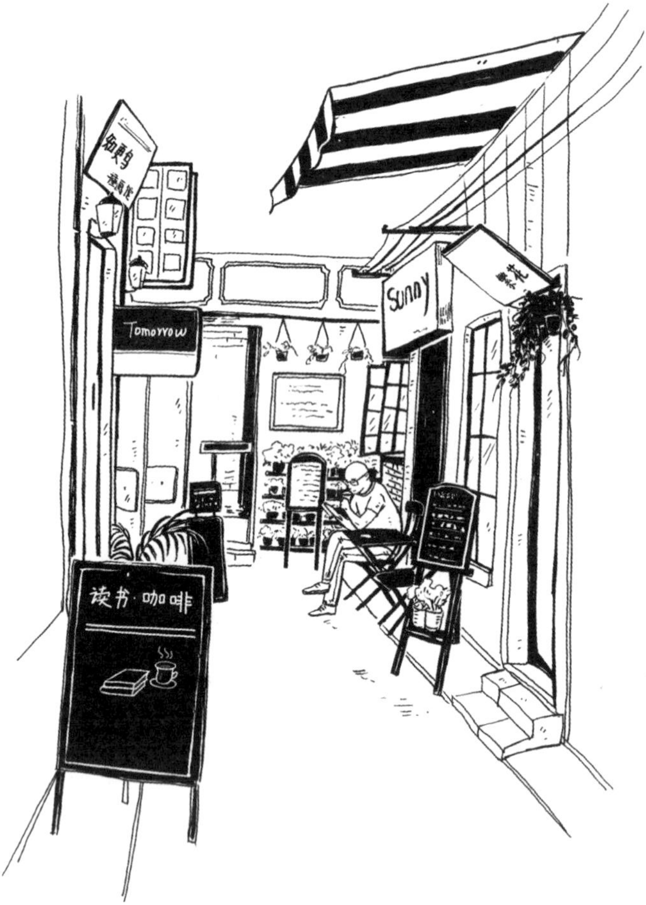
Tomorrow
Sunny
读书·咖啡

和人类相像的推测本身难道不是以人类为中心吗?外星"人"这个词本身其实早就包含了以人类为中心的观点。

但是培根并没有反对以人类为中心的价值观。从他认为做学问的目的是为了让人类的生活过得更好,我们就可以看出他不仅不反对这种价值观,反而认为为了实现这样的目标,必须要充分利用大自然的资源。所以后来有人批判培根是导致如今大自然被人类破坏的元凶。

培根之所以会指出"人类中心主义"是一种假象,是因为以人类为中心的思考会影响客观地分析自然。只有抛弃主观的想法,客观地去看待自然才能正确地分析和了解它,从而达到利用自然来创造人类更好的生活这个目的。

第二个是"洞穴假象",它指的是个人对他人所具有的偏见。人根据生活环境、经验、教育的不同,会有各种各样的偏见。举个例子来说,哲学家叔本华因为幼年时期和母亲的关系十分恶劣,所以他一生都很讨厌女性。我们的身边应该也有不少像叔本华一样因为某种特殊的经历而产生偏见的人。这样的人通常会误以为在"洞穴"中看到的东西就是世界的全部。

第三个是"市场假象",它指的是由语言引起的误会和偏见。人类通过语言来进行思考,但是反过来思维也会被语言影响。后世的人为了和李成桂建立的朝鲜区分开来,便在朝鲜前面加了一个"古"字,成了"古朝鲜",但是它本来的国号是朝鲜。但是因为大家都这么说,所以很多人都误以为古朝鲜的国号就是古朝鲜。

到前几年为止,同姓同族和籍贯不同但是姓氏相同的人之间禁止结婚的文化在韩国还十分盛行。比如全州李氏和庆州李氏之间的婚姻就是不被允许的。但是有时候两个人只是恰好名字中有相同的字,并没有任何的血缘关系。再加上姓氏文化本身只能够体现父系关系,并不能代表血缘关系。

第四个是"剧场假象",它指的是由权威、传统、习惯所导致的偏见。具体来说就是盲目相信权威的话,无条件遵从传统和习惯所导致的先见。不加思考地相信史学家的话,最后发现他们的话是错误的,这样的情况很常见。很多时候我们都不假思索地接受某个不好的传统或者应该废除的习俗。培根把权威和传统比作剧本,而剧本不过是作家虚构出来的东西。

培根认为应该打破这些假象,重视科学性的思考。因为在众多学科当中,科学更能使人类的生活变得更好。接着他指出了逻辑学三段论的局限,提出了归纳法。所谓归纳法,是指通过观察和实验等研究方法来获取新的信息,然后利用人类的思考将获取的新信息形成一个体系化的知识的研究方法。这个方法属于自然科学研究方法的范畴。多亏了像归纳法这样的思想基础,后来欧洲才能够完成产业革命这样飞跃式的科学发展。

释迦牟尼：欲得需先舍

释迦牟尼是古代印度的思想家，佛家的创始者，印度迦毗罗卫国的王子，为了早日解决内心对于人生的疑惑而成了求道者。三十五岁的时候得道，随后周游各地致力于说法和教化，反对种姓制度，引入了女性神职制度，践行了许多平等思想，后来被人们称作佛陀，意指"得道的人"。

> 输屡那。于意云何？色为常，为无常耶？
> 答言：无常。
> 又问：若无常者。是苦耶？
> 答言：是苦。
> 舍利弗言。若色无常，苦者。是变易法。
> 圣弟子宁于中见色是我，异我，相在不？
> 答言：不也。
> ——《阿含经》

释迦牟尼问了三个问题。"世界是无常的吗?""是否满足于无常的东西?""既无常又不满足的东西是否可以被称作'我'?"三个问题分别对应了无常、苦、无我。无常、苦、无我是"存在的三个特性",又被称作"三特性",它们是释迦牟尼世界观的核心。接下来我们逐一进行分析。

> 诸比丘,
> 无常,
> 不恒。
>
> ——《阿含经》

首先是无常,无常经常用于"人生无常"当中,指的是人生的虚无,虽然这样的理解并不能算错,但是也不能说是完全正确。无常本来的意思是"没有恒定不变的东西"。世界上没有恒定不变的东西,所有人都会老去和死去,所有的东西都会变化和消失。冶隐吉再[1]在巡视高丽都城开城的时候,发出了"山川依

---

[1] 吉再(1353—1419),字再父,号冶隐、金乌山人。高丽王朝末期理学家、政治家,也是朝鲜王朝早期作家。——译者注

旧，人杰何所之兮"的叹息。虽然自然没有发生变化，但是人世间的事情却在不断变化之中。但是如果考虑到自然其实也是会变化这一事实，世界上根本不存在永恒不变的东西。所以无常的真正含义指的是现有的东西一定会发生变化，世界上不存在永恒不变的东西。

放下不属于自己的东西

> 有三受，苦受、乐受、不苦不乐受……
> 我以一切行无常故，一切行变易法故，说诸
> 所有受悉皆是苦……一切诸受悉皆是苦。
> ——《阿含经》

接下来是苦，从字面意思上来看，它指的是痛苦。实际上苦和痛苦是一个包含和被包含的关系。苦真正的含义其实更加接近"不满足"。一般来说，不满足的话就会带来痛苦，但是不满足并不代表痛苦本身。

释迦牟尼把人类的感受分为快乐、痛苦、既不快乐也不痛苦三种。这三种感受都不是一直持续不变的，而

是"无常"的。日常生活中,我们总会因为某些事情而快乐或者痛苦。比如说你考试通过了,那么你当然会十分快乐,但是这样的快乐并不会一直持续下去,总有一天会变淡,这就是我们所说的"无常"。痛苦也是如此,总有一天会消失不见。

无常的东西会引起人的不满足。人们的欲望是无止境的,他们总想要拥有什么,获取什么,就算知道自己有一天会死去也一样。即使是拥有再大的权力和再多的财产与名誉,因为这些东西都是无常的,所以人也会因此感到不满足。无论是快乐还是痛苦,都将以不满足的形式持续下去。痛苦和快乐总有一天会消失,所以并没有永久的快乐。

> 色是无常。
> 无常故即无我。
> 若无有我则无我所。
> ——《阿含经》

最后是无我,它指的是能够被称得上是独立个体的我是不存在的。释迦牟尼认为因为无常引起了不满足，所以才会导致无我。首先要有我，才能有属于我的东西。但是不能按照自己内心去做的事情当然是不属于我的东西。

虽然我们都认为身体肯定是属于自己的，但是事实真的是这样吗？我们想抬腿就可以抬腿，想点头就可以点头。然而没有人想要老去，但是身体一定会老去；没有人想要生病，但是身体会生病。甚至连内心也是如此不受人的控制。比如说，在考试前一天我应该好好复习，但是心里却始终想着去玩去睡觉。最终我还是没能战胜内心，并没有去复习，而是去玩或者睡觉了。

由此可见，无论是身体还是内心，我们都不能做到完全掌控。那么世界上真的还有"真正的我"或者"属于我的东西"吗？释迦牟尼认为这些都是不存在的，这就是他所认为的"无我"。世界上有这个东西就会有那个东西，有那个东西就会有这个东西，没有独自存在的东西。

我无法掌控自己的身体和内心，所以就不存在

"真正的我",之所以会这么说,是因为我的身体和内心不是独立的存在。我的身体是由空气和食物所维持的,如果不呼吸或者绝食的话,很快就会死亡。内心也是如此。释迦牟尼并没有把身体和内心分开来研究。这一点我们可以从主张内心是身体的一部分的唯物论来理解。身体不是独立的存在,所以属于身体一部分的内心自然也不是独立的存在。

落花才能结果

至此,我们已经分析完了无常、苦、无我三特性。那么释迦牟尼究竟想要告诉我们什么呢?难道只是想告诉我们人生是虚无的吗?释迦牟尼给出了这样的答案。

> 于色欲贪断。欲贪断者。说心解脱。
> ——《阿含经》

释迦牟尼告诉了我们如何才能达到真正幸福和自由的状态——解脱。我们必须放弃那些无常、让人不满足、不属于我的东西,只有这样做才能够获得真正的幸福。江原道乐山寺红莲庵里有这样一段诗,也许可以帮助大家理解。

> 木落花结实
> 水流江入海
> 鸟离巢飞天
> 人舍欲得道

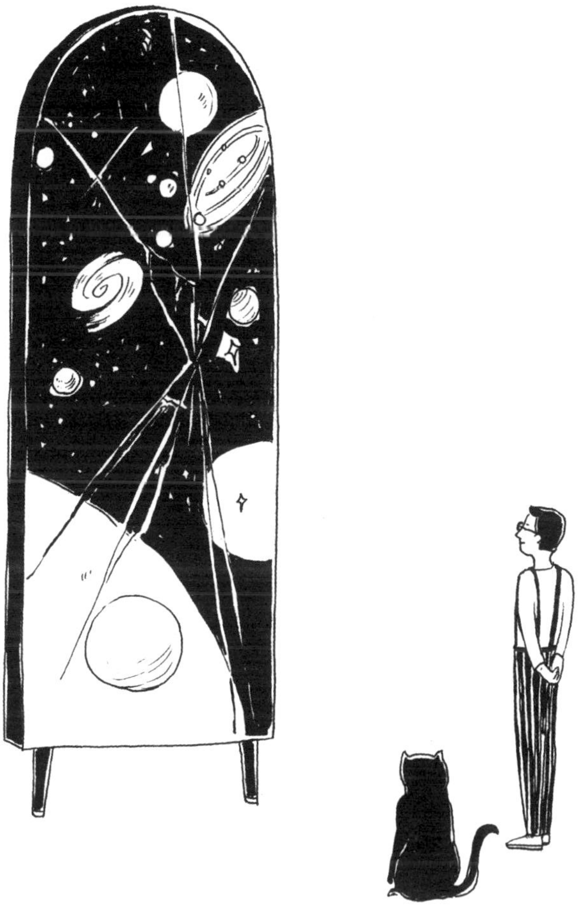

朴重彬：合理地运用情绪

朴重彬是韩国近代思想家，圆佛教的创始者，号小泰山。他致力于将传统思想应用于现代当中，尤其是联系实际情况对佛教思想进行重新解释。为了改善民众的生活，积极开展了围海造地开发运动、合作社运动、教育运动等活动。圆佛教是韩国四大宗教中唯一诞生于韩国本土的宗教。

> 众生的心志为喜、怒、哀、乐所牵引，结果是于己于人多所贻害。菩萨超越喜、怒、哀、乐而用其心志，结果是于己于人无所贻害。佛则视喜、怒、哀、乐如奴仆而驱使之，结果是于己于人多有益处……我不是教导你们勉强压制喜、怒、哀、乐的感情，而是主张喜、怒、哀、乐应适时适地地

表现。将它毫无忧虑地运用于自由之心的关键,只是不违背中道而已。

——《大宗经》

在佛教中,众生指的是普通人,菩萨虽然得道,但是还没能成为佛祖,佛祖则是断绝了一切尘世的杂念,达到一个自由的状态。这三者对待情绪的态度是不一样的。

朴重彬将对待情绪的态度分为三个阶段来进行说明。众生是情绪的奴隶,容易被情绪操控。我们通常会觉得是自己产生了情绪,比如我生气了,我感受到痛苦了。但是,只要我们稍微冷静下来思考一下,就会发现事实并非如此。

每个人的情绪回路都是不一样的。同样一句话,有的人会觉得无所谓,有的人却会很敏感。尤其是人们感受到痛苦或者愤怒的情况也是不同的,这主要是因为彼此的情绪回路不同。

问题是我们无法控制情绪。在进行思考和判断之前，由于已经形成了一定的情绪习惯，我们就会立刻按照这样的习惯去发泄情绪。请大家仔细想一想，我们生气的时候会说"我要生气了"，然后才生气吗？在意识到生气之前，我们已经生气了。情绪回路的形成主要受到遗传、环境、经历等多个因素的影响。由于受到情绪回路的影响，我们都是习惯性地发泄情绪，这是不受我们自己控制的。

控制住自己的情绪

对于已经形成的情绪回路，也有改变的方法，那就是"察觉"。首先，我们要非常了解自己的情绪回路，尤其要知道什么是我们特别敏感的情绪。能够做到这些的话，接下来就会发生一些奇妙的变化。比如说，如果自己是比较容易生气的类型，那么每次生气的时候，我们都会在心里想："啊！我又要控制不住情绪生气了呀！"这样一来慢慢地我们就会比以前更快地消气，也就是说更快地意识到自己的情绪就可以更快地恢复平静。这个过程就是我们所说的察觉。

慢慢熟悉了察觉之后，我们就不那么容易被情绪操控。我们可以通过观察内心来使自己慢慢冷静下来，而不是盲目地去生气。但是朴重彬认为我们不能只停留在这个阶段。不生气的话，就不会因为生气给自己带来麻烦，也不会伤害到别人。但是愤怒并不都是消极的，像在法国大革命等改变世界的伟大革命中人们所表达的愤怒就是展现积极作用的典型例子。这种愤怒也成为改变个人和世界的原动力。

因此，我们不仅要做到察觉情绪，还要学会如何合理地运用情绪。不能因为讨厌成为情绪的奴隶就拒绝情绪本身。我们要从"情绪的奴隶"变成"情绪的主人"。能够陪朋友一起伤心；当强者欺负弱者的时候也能够表达自己对他们行为的愤怒；有值得高兴的事情时能够尽情地享受快乐。像这样合理地运用情绪，无论是对自己还是对他人都是百利而无一害的。

> 女子少依父母，婚后依丈夫，老时依子女。或因权力不等，未能受到与男子同等的教育。或无社交权力，无财产继承权，身心

之一动一静,不得由己。

——《正典》

朴重彬提出了四个核心教义,分别是男女权力同一(废除性差别)、智愚差别(不要用身份、阶级等因素来进行差别对待,将精力放在学习上)、无子女者他子女教养(不要区分是谁的子女,平等地来教育他们)、公道献身者以父事之(献身于公益事业)。上面这段引文是"男女权力同一"内容中的一部分。朴重彬在这里一一列举了当时女性所遭受的差别对待。考虑到当时男性和大多数女性都认可对女性的偏见,朴重彬提出的观点可以说是十分具有进步性的。除开性学,在世界思想史中很难找到这样一个在宗教和思想核心理论的第一章就提出关于性平等的案例。

生活在日本殖民统治时期的朴重彬并没有像其他精英知识分子一样去日本留学或者上大学,他连新式学校的门都没有跨进去过。但是他依然在传统思想的基础上创立了新的哲学,并且致力于解决社会的痼疾。这一切都是为了吃不饱穿不暖,不能接受教育的民众。作为一个农民的儿子,朴重彬比任何人都更明白民众的现状和他们的痛苦。这也是他相比于形而上学的理论,更加重视解决眼前现实问题的原因。

艾瑞克·弗洛姆：幸福就在现在这一刻

艾瑞克·弗洛姆是德国现代哲学家，精神分析心理学家。在法兰克福学派活动一段时间之后，为了躲避纳粹的迫害，逃亡到了美国。他将马克思哲学和弗洛伊德理论结合，晚年的时候喜欢研究禅和佛教等东方思想。主要作品包括《占有还是生存》《爱之艺术》等畅销世界的书籍，致力于将哲学大众化。

> 所谓的新人类指的是具有个性的存在。(1)为了完整的存在，他们能够舍弃所有占有的东西，……(4)专注于活在当下。……(10)他们不再沉迷于自我陶醉，而是接受人类自身的局限性。……(12)为了做到这一点，必须要重视修养和现实，还要开发自己的想象力。……(14)这样做并不是为了逃避自己无法承受的情况，而是为了能够衡量情况，排除自己无法承

受的情况。……(20)世界上能够同时具备这几种特质的人非常少,他们也没有"不达目的誓不罢休"的野心。因为他们知道这样的野心和欲望其实就是占有的一种形态。(21)他们把自己的未来交给命运,总是会在成长的过程中寻找幸福。

——《占有还是生存》

艾瑞克·弗洛姆在《占有还是生存》一书中提出了"新人类"的 21 个特征。我们选择其中最重要的 7 个来进行分析。

特征(1),艾瑞克·弗洛姆首先划分了占有和存在两种生活方式。有的人喜欢用占有的方式来生活,有的人喜欢用存在的方式来生活。但是这两者其实是对立关系。用占有的方式生活的人们认为根据自己买了什么、消费了什么,自己的生活也会变得不一样。如果自己买的东西很华丽,那么自己就会变成"华丽的自己";如果自己买的东西很便宜,那么自己就会变成"不值钱的自己"。他们会把买不起贵东西的人视为"失败者",瞧不起别人。这就是他们想方设法去占用和消费更多东西的原因。但是这样的人生不过是物质的奴隶罢了。在占有和消费之后,他们很快就会陷入一种空虚感。

相反,喜欢用存在的方式生活的人们不会想方设法地去占有东西和粉饰自己,他们更加关心如何能够经营好自己的生活。相比于占有和执着,他们更加喜欢创造和及时行乐。弗洛姆所提出的21个特征都是用存在的方式生活的人们才具备的。

特征(4),有一个这样的故事,一个学生向老师提问:"人们都说您是得道的圣人,圣人和普通人究竟有什么不同呢?"老师回答:"我坐着的时候只想着坐着,走路的时候只想着走路,吃饭的时候只想着吃饭。"然后弟子反问道:"这难道不是谁都能做到的事情吗?"老师又回答道:"并不是,人们坐着的时候想着走路的事,走路的时候想着坐着的事,吃饭的时候担心着别的事情。但是我坐着的时候只想着坐着,走路的时候只想着走路,吃饭的时候只想着吃饭。"就像这位老师说的一样,很多人都没有做到真正存在于现在这一刻,大部分时间都是想着别的事情度过的。活在今天,后悔昨天,担心明天。但是就算后悔和担心也没有办法解决问题,这样做只会导致无限的循环。脱离了现在就无法享受现在,更加无法享受人生。因为人生不是昨天,也不是明天,而是今天这一刻的延续。

用存在的方式生活下去

特征(10),患有自恋症的人爱的并不是自己,而是自己虚假的一面。自恋症还会阻碍人们去爱自己本来的样子。它会尽力隐藏自己本来的模样,创造出一个完美而又伟大的自己。真正的爱自己是爱自己原本的一切。无论是别人所认为的缺点,还是人类都会遇到的不如意,都会包容和接受。另外,也明白人无完人,人生总有一天会结束,我所厌恶的东西也会出现在自己身上,等等。只有做到这些,才算是真正的爱自己。

特征(11),要从占有的生活方式跨越到存在的生活方式的话,必须要重视修养和现实。难道在所有人都感到不幸的社会里,只有我一个人感到幸福是一件好事吗?绝对不是的。人的社会是靠关系来维持的。

别人都感到不幸的时候,自己很难感到幸福。就算是拥有强大精神力的人也是如此。

在佛教中,菩萨说:"众生苦,同苦,众生乐,同乐。"越是伟大的人,越会对他人的痛苦感同身受。所以自身的修养和改变现实的努力是不能分开的。并不是要改变自己所以现实也要改变,而是要改变自己的话必须要改变现实,要改变现实的话必须改变自己。

特征(14),为了逃离无法承受的环境,为了忘记现实而编造谎言是不行的。为了改变无法承受的环境,必须要做一些现实的设想。也就是说虽然梦想着未来,但是也不能脱离现实的可能性。不是一下子就飞上天,而是要脚踏实地一步一步爬上去。如果不考虑所处的现实情况,连虚假的想象都很难做到。设定一个可以实现的目标,然后向着这个目标,一步一步慢慢靠近。

充分享受现在

特征(20)、(21),要做到前面提到的这些其实是十分困难的。生活在资本主义的社会里很难做到无视资本主义。为了活下去,我们有时候需要做一些违背自己原则的事情;为了赚钱,我们有时候只能按照占有的生活方式去生活。我的世界观无法完全脱离社会上主流的世界观。即使我们曾说过不会用外貌或者学历去评判一个人,但是有时候我们也会用这些标准去评判一个人。

如果心里想着一定要成为伟大的人,或者说非得要把所有的烦恼消除,这样反而会成为另一种渴望和执念。我们究竟能够达到一个怎样的高度,命运怎样呢?如果把未来的某一天设定为最后期限,那么今天就不是今天了。假设今天距离最后期限还有倒计时50天,即使是再美好的理想,它一旦成了我们非得实现的目标,那么在实现这个目标之前,我们的生活都会因为还没有实现这个目标而感到落寞。所以我们不要只关注目标,更重要的是去思考今天成长了什么。幸福并不是在遥不可及的远方,而是在现在我们所成功做到的每一件小事当中。

阿兰·巴迪欧:"献身"之时才能成为人生的主宰

阿兰·巴迪欧是法国现代哲学家,他结合精神分析学和数学的方法,建立了"真理哲学"。他不仅和别的思想家们激烈地辩论哲学问题,还一针见血地分析评论时下的政治。2013年访问韩国的时候,关于朝鲜半岛统一的问题,他说:"希望能够建立一个既不是朝鲜,也不是韩国的新国家。"

> 只有在事件发生后,对事件的介入才使得人成为主体。主体以自己的方式创造了真理,并让自己走上历史舞台,只有借助这种方式主体才能存在,而在事件之前主体是非存在。
>
> ——《伦理学》

大部分人都想要成为主人。有的人想成为房子的主人和车子的主子，有的人想成为建筑的主人或者公司的老板。但是在这之前，首先要成为自己生活的主人。因为拥有房子、车、财富、权力最终的目的是让自己过得更加幸福。但是众所周知，这些东西并不一定能给我们带来幸福。关于幸福的标准，每个人、每个地方都不同。通常看起来"很幸福"的人，他们不幸福的原因恰好就在这里。

因为即使拥有再多的东西，却不能真正地拥有它们，那么你也不会感到幸福。假设有一位大住宅的管家，他每天都把房子打扫得干干净净，把庭院里的草地和树木都修剪得整整齐齐，还要花费大量的时间思考如何才能让这栋房子比其他房子更好看。当然更换符合潮流的家具等室内装饰也是必不可少的，但是即便做了这么多，他还是感到空虚。一开始为了填满这种空虚的感觉，他更加努力地去工作。但是他越是努力地去工作，越是感到空虚。之所以会这样，是因为就算把这座房子装饰得再漂亮，这座房子也不属于他。有的人虽然成功做成了许多事情，拥有了许多东西，但是无法成为自己生活的主人，这和房子管家的情况十分相似。

"空白"是革命的种子

那么怎样才能成为自己生活的主人呢?究竟要怎么做才可以成为自己人生的主人呢?这个问题就是哲学当中关于"主体"的问题。在哲学当中,成为生活的主人就叫作主体。笛卡尔、康德、巴迪欧分别创立了自己的主体哲学。巴迪欧认为主体是"忠实的人"和"追求真理的人"。我们可以通过巴迪欧哲学来理解这句话。

巴迪欧认为世界上所有的情况之中都存在着"空白"。所谓空白,指的是社会阴暗的一面,不被大家关注的一面。就如同华丽的衣服上的一个破洞,空白会给一个社会已经稳定的体制带来危害。所以社会才会想要把空白隐藏起来,把它当作一开始就不存在。但是巴迪欧认为空白是革命的种子。

后来出现了这样一些人,他们直面想要隐藏"空白"的社会,关注并介入"空白"当中。他们不是用社会的眼光来看待"空白",而是从"空白"的角度上重新思考社会现状。这样一来,"空白"便出现在大众的视野当中,"空白"不再是"空白",反而成为一件革命的大事件。

大家应该认真对待这个革命,支持革命本身就是一种"忠实",也就是要打破旧社会所主张的真理和价值观,建立新的真理和价值观。巴迪欧认为这是历史发展的过程,也是"追求真理的过程"。

不因社会的压迫而动摇,真正投入革命当中的人们才是真正"忠实的人"和"追求真理的人",他们一定能够成为主体。这种主体并不是天生就具有的,而是后天努力形成的。追求真理的过程就是成为主体的过程。在追求真理的过程中形成了主体,在此之前主体都是不存在的。

只有斗争才能改变

在韩国,残疾人是一个以非残疾人为中心的社会的"空白"。几年前,作为残疾人争取出行权力的斗争中的一部分,发生了一名警察用武力强制将一名残疾人拉下公交车的事件。残疾人无法使用大众交通工具，这从反面证明了在韩国社会中残疾人不被看作大众。虽然残疾人也生活在社会当中，但是社会却选择无视他们的存在。这就是一种试图隐藏"空白"的做法。站出来反对这种做法的人就是主体，这样的斗争就是革命。它不是单单把残疾人当作需要关心的对象，还是实际权力的拥有者。如果能够把现在这个以非残疾人为中心的社会转变成以所有人为中心的社会，那就是获得了新的真理。

由此我们可以知道，巴迪欧所说的主体其实就是为社会献身的人，也就是我们通常所说的具有自己信念的人。从某种角度上来说，巴迪欧所说的主体是被束缚的主体，因为它不是要超越所有的东西，而只是献身于某一种东西。但是也正是因为如此，其他任何的东西都不能使它感到不幸或者绝望。这就像是当你与某人热恋的时候，你的心里只有一个她，容不下别的东西。

巴迪欧认为成为主体的过程不仅在政治领域，在爱情、艺术、科学等所有的领域当中都会出现。他认为想要获得自由,想要成为自己生活的主人的话,首先要做到献身。但是通过献身所获得的自由并不是超越一切的自由,而是一种服从的自由。这种自由通过服从,反而能够从其他所有的事物当中解脱出来。同时它不仅能够使自己获得自由的感觉,还能够使所有人都获得自由的感觉。最后用韩龙云[①]的诗《顺从》来结尾。

> 常言爱恋是自由,可我只想顺从你。
>
> 谁也明知自由之魅力,可我只想顺从你。
>
> 顺从你,是比起美丽的自由更甜蜜的东西。
>
> 是我唯一的幸福之源。
>
> 但如果你叫我顺从他人,我将要违抗你的旨意。
>
> 因为顺从了他人就无法顺从你。

---

① 韩龙云(1879—1944),朝鲜近代史上著名的僧侣、诗人、独立运动家。原名为贞玉,法名龙云,法号万海。——译者注

图书在版编目（CIP）数据

我读人文学是为了过好人生 /（韩）申道贤著；杨磊译 . -- 北京：中信出版社，2021.6
ISBN 978-7-5217-2954-2

Ⅰ . ①我… Ⅱ . ①申… ②杨… Ⅲ . ①人文科学—通俗读物 Ⅳ . ① C49

中国版本图书馆 CIP 数据核字（2021）第 045814 号

나는 잘 살기 위해 인문학을 공부한다 / 我读人文学是为了过好人生
Copyright © 2019 by 신도현
All rights reserved.
Simplified Chinese language edition is published by arrangement with Planet B Publishing Co., Ltd. through 連亞國際文化傳播公司

Simplified Chinese edition copyright © 2021 by CITIC PRESS CORPORATION
本书仅限中国大陆地区发行销售

我读人文学是为了过好人生

著　　者：[韩]申道贤
译　　者：杨磊
出版发行：中信出版集团股份有限公司
　　　　　（北京市朝阳区惠新东街甲 4 号富盛大厦 2 座　邮编　100029）
承　印　者：天津市仁浩印刷有限公司

开　　本：787mm×1092mm　1/32　印　张：8.75　字　数：100 千字
版　　次：2021 年 6 月第 1 版　印　次：2021 年 6 月第 1 次印刷
京权图字：01-2021-2649
书　　号：ISBN 978-7-5217-2954-2
定　　价：45.00 元

版权所有·侵权必究
如有印刷、装订问题，本公司负责调换。
服务热线：400-600-8099
投稿邮箱：author@citicpub.com